Wer ist eigentlich Carl Benz?

Leben
Werk
Wirkung

Ernst Klett Sprachen
Stuttgart

Die Lösungen zu den Übungen zum Leseverstehen gibt es in der Klett-Augmented-App oder zum Download auf www.klett-sprachen.de/wer-ist-eigentlich.

Klett-Augmented-App kostenlos downloaden und öffnen

Seite mit **diesem Symbol** scannen

Lösungen laden, direkt nutzen oder speichern

Scannen Sie diese Seite für weitere Komponenten zu diesem Titel.

Hinweis zur Aktualität:
Die Inhalte dieses Buches wurden sorgfältig recherchiert und decken den Zeitraum bis zum Redaktionsschluss Mitte 2021 ab.

1. Auflage 1 5 4 3 2 1 | 2025 24 23 22 21

Autorin: Gabi Baier
Redaktion: Benjamin Linhart
Reihenkonzept: Benjamin Linhart
Layoutkonzeption: Sabine Kaufmann
Satz: DOPPELPUNKT, Stuttgart
Umschlaggestaltung: Sabine Kaufmann
Titelbild: Getty Images, mladn61
Druck und Bindung: Elanders GmbH, Waiblingen / Medienhaus Plump GmbH, Rheinbreitbach / CEWE Stiftung & Co. KGaA, Germering

Printed in Germany

ISBN 978-3-12-674223-8

Inhalt

Übungen vor dem Lesen

1. Welcher Ausdruck (1–7) hat welche Bedeutung (A–G)? Verbinde.

1 das Licht der Welt erblicken
2 sich das Ja-Wort geben
3 vor dem Nichts stehen
4 über Stock und Stein
5 die Finger von etwas lassen
6 Fahrt aufnehmen
7 die Wege kreuzen sich

A sich treffen, sich kennen lernen
B schneller werden, sich schnell entwickeln
C ohne Weg
D heiraten
E geboren werden
F etwas nicht machen
G alles verloren haben, ruiniert sein

2. a) Wer macht was? Ergänze die Berufe.

A Bierbrauer **B** Gastwirt **C** Ingenieur

D Konstrukteur **E** Schlosser

F Schuster **G** Schmied **H** Zeichner

1 Ein ______________ hat ein Haus, in dem er Leuten Getränke und Essen anbietet.

2 Ein _____________________ macht aus Hopfen und Malz ein alkoholisches Getränk.

3 Ein ______________ macht und repariert Stiefel und Schuhe.

4 Ein ______________ bearbeitet und formt heißes Metall. Er macht daraus z. B. Werkzeuge.

5 Ein ______________ bearbeitet und formt auch heißes Metall. Er macht daraus aber keine Werkzeuge, sondern Konstruktionen aus Metall, wie z.B. Geländer, Gitter, Tore, und Treppen.

6 Ein ______________ ist ein Experte für Technik. Er entwickelt, konstruiert, berechnet und verbessert z.B. Maschinen.

7 Ein __________________ macht einen Plan und baut etwas nach diesem Plan.

8 Ein ______________ macht detaillierte Bilder und Pläne, z.B. von Maschinen.

b) Welches Bild gehört zu welchem Beruf? Beschrifte.

a) ________________

b) ________________

c) ________________

d) ________________

e) ________________

Carl Benz

Die ersten Schritte

Sein Name war Benz, Carl Friedrich Michael Benz mit vollem Namen. „Benz, Benz, Benz … da klingelt's doch[1] … Hm, der Name sagt mir was … Hat der nicht was zu tun mit …? Ist das nicht der, der …? Hat der nicht … das erste Auto erfunden?"
„Ja genau, der!" Aber dazu später.
Zunächst erblickte Carl Benz das Licht der Welt, und zwar am 25. November 1844 in der Stadt Mühlburg. Später wird das ein Stadtteil von Karlsruhe, Baden-Württemberg. Er war der einzige und uneheliche[2] Sohn der Dienstmagd[3] Josephine Vaillant und des Lokomotivführers Johann Georg Benz.
Die Mutter war evangelisch, der Vater katholisch. Das war damals mit Schwierigkeiten verbunden. Und unehelich geboren zu werden, war auch ein Skandal in der kleinen Stadt.
Der Vater Johann Georg Benz kam aus Pfaffenrot, in der Nähe von Karlsruhe. Dort hatten seine Vorfahren[4] schon seit Generationen eine Schmiede[5]. Der Vater arbeitete bei der Badischen Eisenbahn.
Da die Eltern nicht verheiratet waren, wurde der Name des Kindes im Kirchenbuch der evangelischen Gemeinde in Mühlburg mit Karl Friedrich Michael Wailand eingetragen. Das war der Name der Mutter und auch noch falsch geschrieben.
Bei der Taufe[6] des kleinen Carls waren der Gastwirt und Bierbrauer Michael Kramer aus Mühlburg und der Schuhmachermeister Karl Axtmann aus Karlsruhe die Taufpaten[7]. Michael Kramer war

[1]**Da klingelt's doch:** Idiom: das erinnert einen an etwas
[2]**unehelich:** nicht in einer Ehe geboren
[3]**die Dienstmagd:** früher: eine Frau, die im Haushalt hilft
[4]**der Vorfahre:** die Eltern, die Großeltern, die Eltern der Großeltern usw.
[5]**die Schmiede:** hier wird Metall heiß gemacht und geformt
[6]**die Taufe:** Ritual in der Kirche, bei dem der Priester Wasser über den Kopf von einem Baby gießt
[7]**der Taufpate:** Personen, die das Kind, neben den Eltern, in der Erziehung begleiten, bis es erwachsen ist

wahrscheinlich der Dienstherr[8] der Mutter. Er ließ seine hochschwangere[9] Dienstmagd bei sich wohnen. Sein Gasthaus in der Rheinstraße 22 in Mühlburg war wohl auch der Geburtsort von Carl Friedrich Michael.

Ein Jahr später, am 16. November 1845 gaben sich die Eltern in der katholischen Stadtkirche St. Stephan das Ja-Wort. Bei ihrer Hochzeit war Michael Kramer auch Trauzeuge[10]. Das Kind hieß nun Karl Friedrich Michael Benz. Es hatte also den Namen des Vaters und als zweite Vornamen die seiner beiden Paten bekommen.

Carl Benz änderte später im Laufe seines Lebens seinen Vornamen in Carl mit C wie im Französischen und nicht wie im Deutschen üblich mit K. Das Französische war zu der Zeit schick. So veröffentlichte er später auch seine Lebenserinnerungen.

Nach der Hochzeit zogen die Eltern mit ihrem Sohn nach Karlsruhe. Carl Benz war noch keine zwei Jahre alt, als sein Vater im Sommer 1846 an einer Lungenentzündung[11] starb.

Von da an musste die Mutter allein für ihr Kind sorgen. Dies war aber nur mit ihrer kleinen Witwenrente[12] nicht möglich. Deshalb bot sie Kost und Logis[13] für Studenten des Polytechnikums[14] in ihrem Haus an. Damit sicherte sie den Lebensunterhalt[15], so dass ihr Sohn ein naturwissenschaftlich orientiertes Lyzeum[16] besuchen konnte.

War der kleine Carl ein glückliches Kind? War er ein fröhlicher Jugendlicher? Hatte er viele Freunde? Dazu finden sich keine Informationen. Interessierte er sich schon früh für Maschinen und Technik? Nun, dazu schreibt Carl Benz selbst in seiner Autobio-

[8]**der Dienstherr:** früher: Arbeitgeber, Chef
[9]**hochschwanger:** eine Frau bekommt sehr bald ihr Kind
[10]**der Trauzeuge:** Person, die die Eheschließung bezeugt
[11]**die Lungenentzündung:** Pneumonia
[12]**die Witwenrente:** Geld, das eine Frau bekommt, wenn ihr Ehemann gestorben ist
[13]**Kost und Logis:** Essen und Wohnen
[14]**das Polytechnikum:** früher: Universität für Ingenieurswissenschaften
[15]**der Lebensunterhalt:** Geld, das der Mensch zum Leben braucht
[16]**das Lyzeum:** früher: Gymnasium

graphie *Lebensfahrt eines deutschen Erfinders*, dass ihn schon vor der Volksschule Lokomotiven mit ihrem Rauch und Dampf faszinierten. Er hat, so schreibt er, mit Stühlen Eisenbahnwagons nachgestellt und Zug fahren gespielt. Die Mutter, eine ernste Frau, war von diesen Spielen nicht begeistert. Sie wollte aus ihrem Sohn einen Beamten machen. Das war auch der Grund, warum sie ihn auf eine höhere Schule schickte. Da er dort ein guter Schüler war, bestand er dann am 30. September 1860 mit 15 Jahren die Aufnahmeprüfung[17] am Polytechnikum.

Dort studierte er die folgenden Jahre Maschinenbau bei Ferdinand Redtenbacher. Ferdinand Redtenbacher gilt als der Begründer des wissenschaftlichen Maschinenbaus. Er führte den Maschinenbau weg von handwerklichen Methoden zur angewandten Mathematik mit ihren Theorien und Gesetzen.

Vier Jahre später beendete Carl Benz am 9. Juli 1864 erfolgreich sein Studium. Da war er gerade einmal 20 Jahre alt. In seinen Erinnerungen gesteht Carl Benz, dass ihn die praktischen Erfahrungen, das Ausprobieren und Tüfteln[18] im Studium mehr interessiert hatten als das reine Buchwissen.

Carl Benz als Student

[17]**die Aufnahmeprüfung:** Prüfung, die ein Bewerber bestehen muss, um an einer Schule oder Universität angenommen zu werden
[18]**tüfteln:** basteln und immer wieder verbessern

Der Werdegang

Nachdem Carl Benz sein Studiums beendet hatte, arbeitete er erst einmal zwei Jahre lang als Schlosser[19] im Lokomotivenbau bei der *Maschinenbau-Gesellschaft Karlsruhe*. Das Arbeiten an Metallen lag ganz in der Tradition seiner Familie.

Bei dieser Arbeit sammelte der junge Ingenieur seine ersten praktischen Erfahrungen im Maschinenbau. Im Herbst 1866 wechselte Carl Benz in die *Waagen- und Maschinenfabrik Schweizer* und arbeitete dort zunächst in den Werkstätten[20]. Dann aber wurde er im Mai 1867 ins Büro befördert und war von da ab als Zeichner und Konstrukteur tätig. Zwei Jahre später wechselte er erneut und zwar nach Pforzheim und begann in der *Maschinenfabrik Gebrüder Benckiser* seine Arbeit als Werkmeister[21]. Schon kurze Zeit später arbeitete er auch dort im technischen Büro der Firma an der Konstruktion von Eisenbrücken.

Bereits in dieser Zeit wächst in Carl Benz der Wunsch, ein eigenes Unternehmen zu gründen. Im August 1871 ist es dann soweit und zusammen mit dem Mechaniker August Ritter als Partner gründet

Die Carl-Benz-Werkstatt in Mannheim

[19]**der Schlosser:** Experte für Metallarbeiten
[20]**die Werkstatt:** Teil einer Firma, wo handwerklich gearbeitet wird
[21]**der Werkmeister:** Leiter einer Arbeitsgruppe in einer Werkstatt

er seine erste Firma. Ihr Name ist *Carl Benz und August Ritter, Mechanische Werkstätte in Mannheim*.
Bald wird aber klar, dass Ritter kein zuverlässiger[22] Partner ist und so scheitert[23] die weitere Zusammenarbeit.
Nur mit der finanziellen Hilfe seiner zukünftigen Frau[24] kann er seinen Partner auszahlen[25] und die Geschäfte allein weiterführen. Die Geschäfte gehen aber auch nach der Trennung von seinem Teilhaber[26] sehr schlecht. In der Eisengießerei und mechanischen Werkstätte wird 1877 sogar die Einrichtung der Werkstatt gepfändet[27]. Existenzsorgen und harte Arbeit bestimmen zu der Zeit seinen Alltag. Trotzdem beschäftigt sich Carl Benz ab 1878 weiter mit dem Gasmotor. Er sieht den Verbrennungsmotor in Zukunft nicht nur als Antrieb für feste Arbeitsmaschinen. Er sieht ihn auch als Grundlage für eine Fortbewegung ohne Pferde, ohne Schienen, aus eigener Kraft. Dies ist seine große Zukunftsvision.

[22]**nicht zuverlässig:** jemand verspricht etwas und tut es aber nicht
[23]**scheitern:** nicht gut gehen, nicht funktionieren
[24]**die zukünftige Frau:** die Frau, die ein Mann heiraten wird
[25]**auszahlen:** jmd. das Geld geben (hier: für die Anteile an der Firma), das ihm zusteht
[26]**der Teilhaber:** hier: Partner
[27]**pfänden:** wegnehmen

Der Durchbruch

Carl Benz erforscht erst einmal den Zweitaktmotor[28] und entwickelt ihn weiter. Der Viertaktmotor[29], der bereits 1876 von Nicolaus Otto (1832–1891) erfunden wurde, ist durch ein Patent[30] geschützt. Er darf so nicht verwendet werden. Schließlich hat Carl Benz aber nach vielen mühsamen Versuchen und vielen Jahren mit Entwicklungsarbeit endlich einen Erfolg: Ende 1879 läuft sein Gasmotor im Zweitakt-System zum ersten Mal befriedigend und rund. Damit hat er eine wichtige Grundlage für sein Unternehmen geschaffen. Die Entwicklung des Motors war aber so teuer, dass seine Hausbank 1882 verlangt, dass seine Firma in eine Aktiengesellschaft[31] umgewandelt[32] wird. Von nun an heißt das Unternehmen *Gasmotorenfabrik in Mannheim AG*.

Euphorisch investiert Carl Benz sein gesamtes Inventar in diese Gesellschaft, obwohl er mit nur 5 Prozent beteiligt ist. Und auch in technischen Fragen ist sein Recht, bei der Entwicklung und dem Einsatz der Motoren mitzusprechen und Ideen zu geben, eingeschränkt[33]. Dies ist dann auch bereits ein Jahr später der Grund, warum er diese Firma verlässt. Denn die Geldgeber und der Aufsichtsrat[34] der AG sind nur an Gasmotoren interessiert, die fest stehen. Sie haben kein Interesse an den Visionen ihres Konstrukteurs Carl Benz. Sie glauben nicht, dass bewegliche, unabhängige Motoren, die in irgendein Vehikel[35] eingesetzt werden können, Geld bringen werden.

[28]**der Zweitaktmotor:** lauter Motor, der in zwei Arbeitsschritten (= Takte) Energie in Bewegung umwandelt (z. B. Motorräder)
[29]**der Viertaktmotor:** Motor, der in 4 Arbeitsschritten (= Takte) Energie in Bewegung umwandelt
[30]**das Patent:** Schutz einer Erfindung; der Erfinder kann die Nutzung verbieten oder Geld für die Nutzung fordern
[31]**die Aktiengesellschaft:** Form für Unternehmen, bei der Teilhaber Kapital einbringen
[32]**umwandeln:** ändern
[33]**einschränken:** man darf nur bestimmte Dinge sagen oder tun
[34]**der Aufsichtsrat:** Kontrollinstanz bei großen Firmen
[35]**das Vehikel:** früher: Fahrzeug

Nach dieser Entscheidung steht Carl Benz wieder einmal vor dem Nichts. Aber schon bald gibt es neue Investoren für seine Idee. Es sind die Kaufleute Esslinger aus Mannheim, die Carl Benz über sein Radfahren kennt. Zu dritt gründen sie die Firma *Benz & Cie. Rheinische Gasmotoren-Fabrik Mannheim* und bringen den Zweitaktmotor *System Benz* auf den Markt.

In der neuen Fabrik läuft bald eine systematische[36] Produktion an und schon kurze Zeit später arbeiten dort 25 Personen. Auch diese Fabrik produziert noch stationäre Gasmotoren, um Gewinne zu erzielen. Aber durch den erfolgreichen Verkauf kommt Geld für die Entwicklung eines Motors herein, der keinen festen Platz mehr braucht, der beweglich ist. Denn Carl Benz verfolgt weiterhin seine Vision von einem selbst fahrenden Fahrzeug, ohne Pferde. Dabei kann er aber den Zweitaktmotor nicht einbauen, er ist einfach zu groß und zu schwer. Auch der Viertaktmotor, der von der Fabrik *Deutz* bereits zu dieser Zeit gebaut wird, hat dieses Problem.

Manchmal im Leben kommt aber das Glück zu Hilfe. Dieses Mal für Carl Benz. Bei dem Patent auf den Viertaktmotor läuft eine Nichtigkeitsklage[37] und 1884 erklärt das Patentamt[38] dieses Patent in einem wichtigen Punkt für nicht mehr gültig. So kann Carl Benz das Viertaktprinzip bei der Entwicklung seines nächsten Motors nutzen.

Carl Benz ist aber nicht der einzige, der sich zu der Zeit mit der Entwicklung eines Motors für das unabhängige Fahren beschäftigt. Zwei seiner Zeitgenossen, der Ingenieur Gottlieb Daimler (1834–1900) und der Konstrukteur Wilhelm Maybach (1846–1929), sind ebenfalls Pioniere auf diesem Gebiet. Sie forschen und arbeiten in einer Werkstatt in Bad Cannstatt in der Nähe von Stuttgart. Carl Benz versucht zu dieser Zeit, seinen Motor stärker zu machen, denn der Motor braucht genügend Leistung, damit er ein

[36]**systematisch:** hier: geordnet nach Arbeitsschritten
[37]**die Nichtigkeitsklage:** damit macht man ein Gerichtsurteil ungültig
[38]**das Patentamt:** Amt, offizielle Stelle, wo man den Schutz einer Erfindung klärt

Vehikel welcher Art auch immer vorwärts bewegen kann. Der Motor, den Carl Benz entwickelt hat, ist nicht so stark wie der von Gottlieb Daimler, aber er kann trotzdem ein Gefährt allein in Bewegung setzen.

Er baut aber nicht wie andere seinen neuen Motor einfach in ein Gefährt ein, das es schon gibt, z. B. eine Kutsche. Er entwickelt ein gesamtes Konzept. Der Motor ist dabei Teil des Ganzen. Dieses Gefährt baut Carl Benz zunächst als Dreirad, weil sich dieses Fahrzeug direkt steuern lässt. Nachdem er für das Problem mit der Lenkung eine Lösung gefunden hat, baut Carl Benz 1893 Wagen mit vier Rädern.

Im Oktober 1885 ist der erste Motorwagen dann endlich fertig und Carl Benz beginnt damit, ihn zu erproben. Am 29. Januar des darauffolgenden Jahres kommt dann der historische Schritt: Er meldet sein *Fahrzeug mit Gasmotorenbetrieb* beim Kaiserlichen Patentamt zum Patent an. In der Schrift heißt sein Fahrzeug *Benz Patent-Motorwagen*. Erst später kommt das Wort *Automobil* für mehrspurige Motorwagen auf. Das Wort Automobil leitet sich ab aus dem griechischen Wort *auto* für selbst und dem lateinischen *mobilis* für beweglich und beschreibt damit genau, was dieses Objekt macht.

Die erste Probefahrt mit dem neuen Gefährt findet natürlich erst einmal auf dem Fabrikhof statt. Bald schon folgen Ausflüge auf öffentlichen Straßen und Wegen, meist früh morgens und wenn es dunkel ist. Da sind nicht so viele neugierige Menschen unterwegs.

Die Straßen damals darf man sich dabei nicht als das vorstellen, was sie heute sind. Vielmehr handelte es sich hierbei um etwas breitere, befestigte, manchmal aber auch nur holprige Feldwege.

Die erste Testfahrt macht Carl Benz im Juli 1886. Das war so Aufsehen erregend[39], dass die *Neue Badische Landeszeitung* davon berichtet. Sie schreibt, dass ein neues *Velociped*[40], das mit Gas fährt und von der *Rheinischen Gasmotorenfabrik von Benz & Co.* konstruiert wurde, in den Morgenstunden auf der Ringstraße in Mannheim gesehen wurde. Und dass diese Testfahrt wohl gut gelaufen ist.

Die Leute allerdings sind skeptisch gegenüber dieser neuen Entwicklung. Sie können sich nicht vorstellen, dass ein rauchendes, knatterndes Ungetüm[41], ohne Pferde, die Zukunft der Mobilität ist. Carl Benz gibt seinem Prototypen den schlichten, technischen Namen *Modell I* und entwickelt daraus dann zwei Varianten. Das *Modell II* wird im Sommer 1888 in die *Hofwagenfabrik Theodor Wecker nach Offenbach* zu einem Vierradfahrzeug umgebaut. Carl Benz ist aber mit diesem Umbau nicht zufrieden und so verschwindet dieses Modell in einem Schuppen[42].

Das nächste Modell, das *Modell III* ist dann aber ein sehr wichtiger Schritt in der Entwicklung. Der Motor ist stark genug und die Räder sind aus stabilem Holz. Mit diesem Wagen macht Bertha Benz, seine Frau, im August 1888 die legendäre Fernfahrt. Diese ist die erste der Automobilgeschichte überhaupt.

[39]**etwas/jmd. erregt Aufsehen:** besonders und neu, dass alle Leute schauen
[40]**das Velociped:** eine Art Laufrad
[41]**das Ungetüm:** eines großes, lautes Monster
[42]**der Schuppen:** eine Art Haus für alle möglichen Sachen

Die Familie

Bertha Benz wird am 3. Mai 1849 als Cäcilie Bertha Ringer in Pforzheim geboren. Sie ist das dritte von insgesamt neun Kindern der Familie Ringer. Ihre Familie ist durch den Beruf des Vaters zu einem kleinen Wohlstand gekommen. Er ist Baumeister. Die Kinder, auch die Töchter, bekommen eine gute Ausbildung. Das ist zu dieser Zeit sehr fortschrittlich. So besucht Bertha zehn Jahre lang das Pädagogium[43] in Pforzheim.

Im Sommer 1870 lernt die 21-Jährige den Ingenieur Carl Benz kennen. Die beiden verlieben sich und planen schon bald zu heiraten. Auch ist klar, dass sie nicht in Pforzheim bleiben wollen. So geht Carl Benz nach Mannheim. Der Plan ist: Die Hochzeit soll stattfinden und Bertha nachkommen, sobald er eine Existenz aufgebaut hat. Als dann Bertha aber bei einem Besuch bei ihm in Mannheim sieht, welche Probleme ihr Verlobter mit seinem Partner Ritter hat, spricht sie mit ihrem Vater. Sie bittet ihn um ihre Mitgift[44] und auch um einen Vorschuss[45] auf ihr Erbe[46]. Carl soll seinen Partner damit auszahlen und seinen Betrieb alleine weiterführen. Natürlich ist der Vater von der Idee, einen mittellosen Ingenieur zu unterstützen, nicht sehr begeistert, aber seine Tochter Bertha ist willensstark und setzt sich durch[47].

Am 20. Juli 1872 heiraten der 27-jährige Carl Benz und die 23-jährige Bertha Ringer. Am 1. Mai 1873 wird der erste Sohn Eugen geboren. Die kleine Familie ist glücklich, aber auch enorm verschuldet.

Die nächsten Jahre hat die Familie Benz große, finanzielle Probleme. Doch die Familie wächst weiter: Am 21. Oktober 1874 wird der zweite Sohn Richard geboren. Am 1. August 1877 ist die Familie um Tochter Klara größer. Am 2. Februar 1882 kommt das vierte

[43]**das Pädagogium:** eine Art Universität für Pädagogik/Erziehungswissenschaft
[44]**die Mitgift:** Vermögen und Hausrat, den eine Frau mit in die Ehe nimmt
[45]**der Vorschuss:** Geld, das man schon vor einem Ereignis bekommt
[46]**das Erbe:** das, was die Kinder nach dem Tod ihrer Eltern bekommen
[47]**sich durchsetzen:** etwas gegen Protest oder Widerstand machen

Kind Thilde auf die Welt. Das Nesthäkchen[48] Ellen erblickt erst 8 Jahre später, am 16. März 1890, das Licht der Welt. Aber da geht es der Familie finanziell schon besser.

Die Familie Benz im Jahr 1883 (ohne Carl Benz)

Auch wenn die Familie große Sorgen und viele Probleme hat, steht Bertha treu an der Seite ihres Mannes, oft auch neben ihm in der Werkstatt. Durch die vielen Gespräche, die sie dort führen, bekommt Bertha Benz sehr viel technisches Wissen. Zeitgenossen berichten später, dass sie die Motoren und auch die Fahrzeuge fast genauso gut gekannt hat wie ihr Mann.
1878 beschäftigt sich Carl Benz mit seiner neusten Erfindung, einer Kraftmaschine für gewerbliche[49] Zwecke. Der neue Motor bereitet jedoch Probleme. Aber in der Silvesternacht[50] von 1879 auf 1880, als die Kinder schon im Bett liegen, haben Carl und Bertha Erfolg und starten den Motor zum ersten Mal. Er läuft! Das ist ihr persönliches Neujahrsläuten!

[48]**das Nesthäkchen:** jüngstes Kind
[49]**gewerblich:** für Fabriken und Firmen, nicht privat
[50]**die Silvesternacht:** Nacht vom 31. Dezember auf den 1. Januar

Als Carl Benz 1883 mit seinen Partnern die *Benz & Cie. Rheinische Gasmotorenfabrik Mannheim* gründet und von da ab konzentriert an der Entwicklung eines Fahrzeugs arbeitet, das allein fahren kann, ist Bertha wieder an seiner Seite: Bei den ersten Probefahrten im Jahre 1886 sitzt sie regelmäßig neben ihm, aber nicht zum Helfen und Schieben, wenn das Gefährt mal wieder streikt und stehen bleibt, sondern als seine Glücksbringerin und seine Assistentin.

Bertha Benz ist entscheidend an dem späteren Erfolg ihres Mannes Carl Benz beteiligt. Denn mutig und ideenreich trägt sie immer wieder seine Visionen mit. Sie ist ihrem Mann bei all seinen Unternehmen eine wichtige Hilfe.

Als dieser wieder einmal von Zweifeln geplagt[51] wird und nicht sicher ist, ob das neue Fahrzeug überhaupt für längere Strecken geeignet ist[52], hilft ihm ihr unerschütterlicher[53] Glaube an ihn.

[51]**von Zweifeln geplagt werden:** unsicher sein, sich ärgern
[52]**geeignet sein:** passend sein
[53]**unerschütterlich:** stabil, standfest, ruhig

Die erste Autofahrt

Die erste Autofahrt

Am 1. August 1888 hatte Carl Benz eine erste Fahrerlaubnis von einer Behörde[54] erhalten, aber es ist Bertha Benz, die heimlich, ohne das Wissen ihres Mannes, den Wagen nimmt und zusammen mit den beiden Söhne Eugen und Richard die rund 180 Kilometer lange Strecke von Mannheim nach Pforzheim und wieder zurück fährt. Ziel ist ihre Verwandtschaft dort. Sie will aber auch endlich zeigen, dass der Wagen fahrtauglich[55] ist. Ihr geht die Entwicklung in der Werkstatt zu langsam voran.

Die Reise dauerte insgesamt drei Tage: einen Tag für die Hinreise, einen Tag blieben sie zu Besuch und erholten sich und einen weiteren Tag für die Rückreise.

Und tatsächlich kann sie beweisen, dass der Patent-Motorwagen, den ihr Mann entwickelt hat, fahrtauglich ist. Und das auch über eine längere Strecke. Sie beweist aber auch wieder einmal ihre Loyalität ihm gegenüber und ihr grenzenloses Vertrauen in sein Genie. Zudem[56] bringt sie einige Vorschläge zur Verbesserung und Weiterentwicklung mit.

Der Ausflug allerdings ist ein Abenteuer, ein Hindernislauf[57] keine Ausflugsfahrt wie wir sie heute kennen. Denn es geht im wahrsten Sinne des Wortes über Stock und Stein. Immer wieder gibt es unterwegs kleinere Pannen[58], die behoben[59] werden müssen.

[54]**die Behörde:** Amt, offizielle Stelle
[55]**fahrtauglich:** fahren können
[56]**zudem:** und auch, außerdem
[57]**der Hindernislauf:** ein Weg mit Schwierigkeiten
[58]**die Panne:** Problem, etwas funktioniert nicht so, wie es soll
[59]**beheben:** entfernen, weg machen, lösen

Bei dem Ort Wiesloch, 38 km von Mannheim entfernt, machte der Wagen die ersten Mucken[60]. Der Benzinzufluss verstopfte[61]. Hier diente eine Hutnadel[62] als Reinigungsgerät. Die Zündung funktionierte nicht mehr, weil ein Kabel kaputt war. Bertha Benz isolierte es kurz entschlossen mit ihrem Strumpfband[63].
Bergauf mussten die Frau und ihre Söhne schieben, zum Teil mit Hilfe von Bauern auf den Feldern, die das Spektakel mit ansahen. Der Motor war einfach noch zu schwach. Das war anstrengend!
Die Fahrten bergab dagegen waren aufregend, das Herz klopfte ihnen bis zum Hals! Das Gefährt war mit 360 kg für die einfache Bremse zu schwer, die schlichte Handbremse schaffte nur leichtes Gefälle[64]. Für steileres Gelände[65] mussten sie dann neue Bremsklötze anschaffen. Bertha Benz ließ sie bei einem Schuster mit Leder umwickeln, damit sie haltbar waren. So erfand sie die ersten Bremsbeläge der Automobilgeschichte!

Die erste Tankstelle der Welt

Für die Kühlung des Motors brauchten sie Wasser. Das gab es in Gasthäusern, aus Brunnen, aber auch mal aus dem Graben, da war das Gefährt nicht wählerisch[66].
Getankt wurde Waschbenzin, Ligroin, das es in den örtlichen Apotheken gab. Die Apotheker wunderten sich, warum diese Frau auf einmal so viel Waschbenzin brauchte. Waschbenzin brauchte man, um Flecken und

[60]**Mucken machen:** umgangssprachlich: Schwierigkeiten machen
[61]**verstopfen:** blockieren, nichts mehr durchlassen
[62]**die Hutnadel:** veraltet: Nadeln, um einen Hut in den Haaren festzustecken
[63]**das Strumpfband:** Band, das hilft, Stümpfe oben am Bein festzuhalten
[64]**das Gefälle:** Berg runter
[65]**das Gelände:** Landschaft
[66]**nicht wählerisch sein:** hier: leicht zufrieden sein

Schmutz zu entfernen. Die Stadt-Apotheke in Wiesloch existiert heute noch und weist stolz darauf hin, so die erste Tankstelle der Welt gewesen zu sein.

Ein Problem gab es jedoch nicht: eine Reifenpanne. Die gab es schlicht deshalb nicht, weil die hinteren Räder Eisenringe hatten und das Vorderrad mit Vollgummi belegt war.

Da die Drei wie auf einer Kutsche ohne Verdeck[67] und Schutz dem Wind und Wetter ausgesetzt waren, kamen sie schmutzig und verschwitzt am Abend des Abreisetages in Pforzheim an. Aber sie kamen an! Unversehrt[68]! Die Fahrt war trotz aller Schwierigkeiten gut verlaufen: Alle kleineren technischen Probleme konnten unterwegs gelöst werden.

Zurück nach Hause fuhren sie eine andere, etwas kürzere Strecke. Die erste Autofahrt der Geschichte war vollbracht[69]!

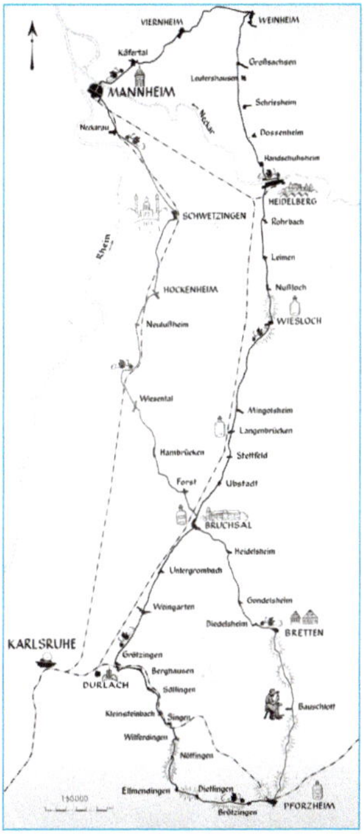

Die Strecke der ersten Autofahrt

[67]**das Verdeck:** Dach
[68]**unversehrt:** ohne Verletzungen
[69]**vollbringen:** tun, machen

Die Erfolge

Ein paar Wochen nach der spektakulären Fahrt seiner Frau stellt Carl Benz im September 1888 sein Modell III auf der *Kraft- und Arbeitsmaschinen-Ausstellung* in München einem größeren Publikum vor. Täglich macht er mit seinem Motorwagen Vorführfahrten vom Ausstellungsgelände in die Stadt. Die Presse berichtet ausführlich[70] und begeistert. Die Jury der Ausstellung prämiert den Patent-Motorwagen mit der höchsten Auszeichnung, der *Großen Goldenen Medaille*. Endlich findet seine Erfindung Anerkennung[71]. Die Reaktion der deutschen Öffentlichkeit ist aber zurückhaltend. Doch in Frankreich interessieren sich die Leute für das Fahrzeug. Der Verkauf startet. Die Rechte für einen Verkauf dort gibt Carl Benz einem französischen Ingenieur, der schon stationäre Benzmotoren in seinem Heimatland verkauft.

Aber das nächste Problem wartet bereits: Seine alten Geschäftspartner werden zunehmend[72] skeptisch. Sie sehen keine Zukunft für die Erfindung von Carl Benz und steigen aus der Geschäftsverbindung aus. So hat er wieder einmal die Aufgabe, neue Geldgeber für seine Vision zu finden.

An die Stelle der beiden Kaufleute treten im Mai 1890 neue Partner. Bei ihrem letzten Treffen verabschiedet sich die ehemalige[73] Partnerin Rose Esslinger von Carl Benz mit den Worten, er solle doch seine Finger von diesem Motorwagen lassen. Sie glaubt, dass ihn diese dumme Idee finanziell ruiniert und sie keine Zukunft hat.

Mit den neuen Gesellschaftern steigen die *Rheinischen Gasmotoren-Fabrik Benz & Cie.* dann aber zur zweitgrößten Motorenfabrik Deutschlands auf. Sie sind die Trendsetter und geben der gesamten Entwicklung des Automobils wichtige Ideen. Carl Benz arbeitet kontinuierlich an Verbesserungen und neuen Ideen.

[70]**ausführlich:** sehr genau
[71]**die Anerkennung:** Respekt
[72]**zunehmend:** mehr und mehr
[73]**ehemalig:** alt, früher

Im Februar 1893 reicht er eine weitere Entwicklung, eine neue Art von Lenkung, zum Patent ein.
Nach und nach tritt Erfolg ein. Die Firma zieht um und vergrößert sich. An Sonntagen finden jetzt die Testfahrten mit den neuentwickelten Wagen statt. Diese Testfahrten sind Familienausflüge. Und in späteren Jahren sitzen dabei oft nicht nur die Söhne, sondern auch die Töchter am Steuer[74]. Eine moderne Familie!
Das Fahrzeug, mit dem erstmals höhere Verkaufszahlen erreicht werden, ist das von 1894 bis 1901 produzierte vierrädrige Motor-Velociped, auch Velo genannt. Dieses Gefährt ist leicht, kostengünstig und kann trotzdem zwei Personen transportieren.
Die Motorisierung nimmt insgesamt Fahrt auf. In Berlin wird der Mitteleuropäische Motorwagen-Verein, der erste deutsche Automobil-Club, gegründet.
Natürlich gehört Carl Benz zu den Gründungsmitgliedern und auch Gottlieb Daimler. Beide sind bei der Gründungsfeier dabei. Aber seltsamerweise[75] sprechen die beiden Autopioniere nicht mit einander. Carl Benz sagt später, er wollte Daimler gern persönlich kennen lernen, aber dieser verschwand schon bald in der Menge der Leute. So hatte Carl Benz keine Gelegenheit[76], ihn zu kontaktieren. Ihre Wege haben sich nie mehr gekreuzt.
Die *Benz & Cie.* Werke wachsen inzwischen beständig und sind bis zur Jahrhundertwende der führende Automobilhersteller weltweit. Im Mai 1899 werden sie dann eine Aktiengesellschaft und Julius Ganß, einer der Partner und Mitgesellschafter, wird neben dem Ingenieur Carl Benz in den Vorstand[77] geholt. Ganß wird Leiter für den kaufmännischen Bereich.
Die Zahl der Mitarbeiter der Firma wächst im Fahrzeugbau in den Jahren 1890 bis 1899 von 50 auf 430, die Zahl der gebauten Fahrzeuge von 572 im Geschäftsjahr 1899 auf 603 im folgenden Jahr.

[74]**das Steuer:** Lenker
[75]**seltsamerweise:** komisch, merkwürdig
[76]**die Gelegenheit:** Möglichkeit, Situation
[77]**der Vorstand:** Leitung eines Unternehmens/einer Firma

Im Jahr 1900 konnte Benz über 600 verschiedene Typen-Konstruktionen vom Standard- bis zum Sportwagen zum Verkauf anbieten. Dies war sicherlich der Höhepunkt seiner Karriere.
Aber wieder einmal kommen schwierige Zeiten auf Carl Benz bzw. auf sein Werk zu: Die Konkurrenz schläft nicht. Besonders aus Frankreich kommen Fahrzeuge, die stärkere Motoren haben und auch preisgünstiger sind. Sie sind im Wettbewerb erfolgreicher als die gemütlichen Fahrzeuge von Benz. Benz Limousinen sind eher zuverlässige Langstreckenläufer als schnelle, wendige Flitzer. Hinzu kommt, dass der Mercedes 35 PS von Daimler Anfang des Jahres 1901 das Automobil völlig neu gestaltet. Im Vergleich zu den Mercedes-Modellen aus Cannstatt wirken die Benz-Motorwagen aus Mannheim plötzlich veraltet. Daher sinkt bei der Firma *Benz & Cie.* der Verkauf ihrer Automobile um fast ein Drittel gegenüber nur drei Jahren zuvor.
Carl Benz ist aber überzeugt[78] von seinen bisherigen Konstruktionen und hält an ihnen fest. Das gefällt der kaufmännischen Leitung nicht und deshalb setzt Ganß nun ein neues Team ein. Dieses Team soll eine modernere Modellreihe für zukünftige Benz-Wagen entwerfen und entwickeln. Carl Benz ist tief verletzt: Die Entwicklung und Konstruktion von Motoren und Maschinen war sein Leben! Als Folge beendet er 1903 seine aktive Arbeit dort.
Zusammen mit ihm verlassen seine beiden Söhne ebenfalls die Firma. Aber schon ein Jahr später sieht die Sache wieder ganz anders aus: Carl Benz wird in den Aufsichtsrat geholt, als Anteilseigner mit Stimmrecht. Und auch sein Sohn Richard Benz kehrt nach Mannheim in dieselbe Firma zurück. Er wird Leiter des Personenwagenbaus.
Ganß' kühne[79] Entscheidung zeigt aber Erfolg: Nach den Verlusten im Geschäftsjahr 1903 hat sich die Firma ein Jahr später wieder erholt.

[78]**überzeugt sein:** ganz sicher sein
[79]**kühn:** sehr mutig

1906 gründet Carl Benz dann wieder eine eigene Firma, die *Carl Benz Söhne* in Ladenburg. Diese Stadt liegt zwischen Heidelberg und Weinheim. Hier hatte die Familie im Jahr zuvor eine Villa als Familiensitz gebaut. Alleinige Inhaber der neuen Firma sind Carl Benz und sein Sohn Eugen. Der Plan ist, Gassaugmotoren[80] nach Plänen von Eugen Benz zu bauen. Aber neuere Entwicklungen durch Elektrizität und stationäre Dieselmotoren machen diesen Motoren Konkurrenz. So lassen sich diese nicht mehr gut verkaufen. Das Unternehmen sucht eine Alternative und konzentriert sich ab 1908 auf den Fahrzeugbau. Im diesem Jahr scheidet der andere Sohn Richard Benz auch aus der Firma *Benz & Cie.* aus und übernimmt gemeinsam mit seinem Vater und seinem Bruder Eugen die Geschäftsführung in Ladenburg.
1912 verabschiedet sich Carl Benz als Gesellschafter von der gemeinsamen Firma und überlässt seinen Söhnen die Leitung. Die Produktion läuft hier noch bis 1923 weiter. Jedoch werden insgesamt nur 350 Fahrzeuge dieser Firma *Carl Benz Söhne* produziert.

[80]**der Gassaugmotor:** Motor, der meist stationär und zum Betreiben von Maschinen eingesetzt wird

Die letzten Schritte

Carl Benz

Carl Benz lebt lang genug und wird noch Zeuge der fortschreitenden[81] Motorisierung. Er erlebt den endgültigen Durchbruch seiner Vision. Zu seinem 80. Geburtstag im Jahr 1924 genießt der Erfinder und Entwickler die Aufmerksamkeit und den Beifall aus aller Welt, die einst so skeptisch auf seine Idee von einem selbst fahrenden Gefährt geschaut hatte.

Zehn Jahre zuvor hat ihm die Technische Hochschule Karlsruhe die Ehrendoktorwürde verliehen und 1926 wird er zum ersten Ehrenbürger der Stadt Ladenburg ernannt. In demselben Jahr verbinden sich auch die beiden Autopioniere *Benz & Cie.* und die *Daimler-Motoren Aktiengesellschaft* von Gottlieb Daimler zur *Daimler-Benz AG*. In seinen letzten Lebensjahren ist Carl Benz hier noch als Mitglied im Aufsichtsrat tätig.

1928, kurz vor seinem Tod, ehrt das Badische Staatsministerium Carl Benz mit der Badischen Staatsmedaille in Gold. Am 4. April 1929 stirbt der Automobilpionier in seinem Haus in Ladenburg.

[81]**fortschreitend:** wachsend, mehr werdend

Übungen nach dem Lesen

1. Im Text gibt es viele verschiedene Wörter für ein Fahrzeug. Ergänze.

a) Gefährt | **b)** Flitzer | **c)** Kutsche
d) Limousine | **e)** Wagen | **f)** Vehikel

1 ________________ ist ein altes Wort für Fahrzeug.

2 Ein ________________ ist etwas, womit man fahren kann.

3 Eine ________________ wird von Pferden gezogen.

4 Ein ________________ bezeichnet umgangssprachlich ein Auto, aber auch alle Fahrzeuge, die etwas transportieren.

5 Eine ________________ ist ein großes, teures Auto, das oft ein Chauffeur fährt.

6 Ein ________________ bezeichnet ein schnelles Auto.

2. Fülle die Steckbriefe aus.

Vorname: ________________ (1)

Nachname: ________________ (2)

Geburtstag: ________________ (3)

Geburtsort: ________________ (4)

Vorname: ______________ (5)

Nachname: ______________ (6)

Geburtstag: ______________ (7)

Geburtsort: ______________ (8)

3. Beantworte die Fragen zu Carl Benz.

a) Was macht Carl Benz von 1860 bis 1866?

____

b) Wann gründet Carl Benz sein erstes Unternehmen?

____

c) Und wann läuft Carl Benz' erster Gasmotor?

____

d) Was meldet Carl Benz 1886 an?

____

e) Wo wird 1888 Carl Benz' erstes Auto prämiert?

____

f) Wie viele Autotypen bietet Carl Benz 1900 zum Verkauf an?

____

g) 1906 gründet Carl Benz eine neue Firma. Wie heißt sie?

____

h) Und wo ist diese Firma?

___

i) In welchem Jahr wird die Daimler-Benz AG gegründet?

___

j) Und was ist Carl Benz bei der Daimler-Benz-AG?

___

Die erste Autofahrt

1. Bringe die Orte der Hin- und Rückfahrt der ersten Autofahrt in die richtige Reihenfolge.

<u>TIPP:</u> Die Karte auf S. 21 hilft dir.

Hinfahrt:	☐	☐	☐	☐

Mannheim ⟶ Pforzheim

a) Bruchsal **b)** Heidelberg
c) Weingarten **d)** Wiesloch

Rückfahrt:	☐	☐	☐	☐

Pforzheim ⟶ Mannheim

a) Bretten **b)** Bruchsal
c) Hockenheim **d)** Schwetzingen

2. Was war der Grund für die Autofahrt? Kreuze an.

a) Bertha Benz wollte mit ihren beiden Söhnen einen schönen Ausflug machen.
b) Bertha Benz und ihre beiden Söhne wollten die Verwandten nach sehr langer Zeit wiedersehen.
c) Bertha Benz wollte zeigen, dass der Wagen fahren kann.

Übungen vor dem Lesen

1. **Welches Fahrzeug (A–E) passt zu welchem Text (1–5)? Ordne zu und schreibe den richtigen Buchstaben in das Kästchen neben dem Text.**

A Eisenbahn **B** Fahrrad **C** Gasmotor **D** Kutsche **E** Kraftwagen

1 1835: Die erste ihrer Art fuhr in Deutschland zwischen den Städten Fürth und Nürnberg, also nur auf einer Strecke von 6 km. Erfunden hatte diese Maschine bereits 1804 ein Engländer namens Trevithick.

2 1817: Ein deutscher Adeliger namens Baron Karl von Drais bewegte sich laufend und sitzend auf diesem Objekt vorwärts. Ein Lenker, der mit dem Vorderrad verbunden war, half ihm dabei, die Richtung, in der er rollen wollte, zu bestimmen.

3 1850: Der Belgier Etienne Lenoir baute die erste funktionstüchtige Maschine zur Kraftstoffverbrennung.

4 15. Jahrhundert: In Ungarn, einem Ort namens Kocs, entstehen die ersten Gefährte dieser Art. Man kann in ihnen sitzen und sie werden von einem oder mehreren Pferden gezogen.

5 1859: Der Belgier Etienne Lenoir installiert eine Verbrennungsmaschine in ein Gefährt und bewegt sich 9 km mit ihm vorwärts, allerdings nur mit 6 km/h.

Das Auto

In der Zeit, in der Carl Benz lebte, herrschte ein Klima des Aufbruchs und der Suche nach Neuem. Zahlreiche Entdeckungen und Erfindungen begannen bereits, den Alltag des Menschen zu bereichern[1] und zu erleichtern[2]: Schienen mit Dampfloks verbanden die ersten großen Städte miteinander, erste Dampfmaschinen und Motoren trieben große, stationäre Maschinen zur Produktion von Gütern[3] an. Überhaupt galten Motoren als die Grundlage für viele zukünftige, technische Entwicklungen in der Luft, auf dem Land und auf dem Wasser.

Viele Menschen zeigten Interesse an neuen Ideen im Bereich Industrie und Technik. Und ganz wichtig: Es gab unter ihnen Sponsoren[4], die bereit waren, ihr Geld in diese Ideen zu investieren. Aber es gab auch die andere, die konservative Seite in der Gesellschaft. Menschen, die nicht an den Fortschritt durch Technik glaubten, zweifelten oder ihn ablehnten.

Carl Benz

Gottfried Daimler

[1]**bereichern:** besser/reicher machen
[2]**erleichtern:** leichter und bequemer machen
[3]**das Gut (meist Pl.):** Dinge, die der Mensch zum Leben braucht
[4]**der Sponsor:** Geldgeber

In diesem Spannungsfeld ist Carl Benz' Biographie und Unternehmertum typisch. Sein Leben, seine Visionen und seine Erfindungen rund um Motoren und das Automobil waren hin- und hergerissen zwischen Befürwortung[5] und Bewunderung einerseits und Ablehnung[6] andererseits.

Überall auf der Welt suchten Ingenieure und Autodidakten[7] nach einer Möglichkeit, ein Gefährt mit einem Motor mobil zu machen. Der Fortschritt ließ sich nicht aufhalten.

In Deutschland arbeiteten zeitgleich[8], aber unabhängig voneinander, zwei Personen an dieser Herausforderung: Carl Benz und Gottlieb Daimler.

[5]**die Befürwortung:** positives Interesse, zu etwas „ja" sagen
[6]**die Ablehnung:** negative Haltung, zu etwas „nein" sagen
[7]**der Autodidakt:** jmd., der etwas ohne Lehrer und Unterricht lernt, indem er Bücher liest und alleine übt, bis er es kann
[8]**zeitgleich:** zur gleichen Zeit

Die Voraussetzungen

Noch im 19. Jahrhundert war das wichtigste Transportmittel für Menschen und Waren die Kutsche. Sie beherrschte das Stadt- und Straßenbild. Je nachdem, was befördert[9] werden musste, wurde die Kutsche von einem oder mehreren Pferden gezogen, hatte eine oder zwei Achsen[10] und war offen oder geschlossen. Hatte sie vorne zwei kleinere Räder, war der Platz, den sie zum Wenden brauchte, der Wendekreis, kleiner. Das unterschiedliche Erscheinungsbild[11] einer Kutsche hing also ab von der Aufgabe, die sie erfüllen musste. Und mit ihr gab es ein Gefährt, das sich für eine Weiterentwicklung und Motorisierung anbot.
In demselben Jahrhundert wurde in Mannheim, wo auch Carl Benz sich später niederließ, bereits 1817 von einem Baron von Drais das Fahrrad erfunden.
Mannheim war zu der Zeit eine Hochburg[12] von technischen Innovationen. Die Entwicklung des Fahrrades bedeutete das erste Transportsystem auf Rädern, das der Mensch allein aus eigener Kraft antreiben, bewegen und lenken konnte, wohin er wollte. Die Idee von einer individuellen Fortbewegung fand in dem Rad ihren Ausdruck. Nur war es eben noch die Muskelkraft, die dieses Gefährt fortbewegen musste.
Der nächste Schritt, die interessante Frage lag aber schon auf der Hand: Vielleicht kann ein Motor diese Arbeit übernehmen?
In Deutschland hatte anders als in England die Industrialisierung erst später begonnen. In den 1830er Jahren aber setzte sie voll ein. Der Impuls zum Wachstum war der Eisenbahnbau. Im ganzen Land entstanden in der Zeit Trassen[13] und verbanden Städte und Regionen. Der Mensch wurde mobil und begann, sich schneller an

[9] **befördern:** transportieren
[10] **die Achse:** feste Stange zwischen zwei Rädern, damit diese gemeinsam rollen
[11] **das Erscheinungsbild:** wie etwas aussieht
[12] **die Hochburg:** Zentrum, zentraler Ort
[13] **die Trasse:** Schienen

andere Orte zu begeben[14], egal ob für den Handel oder den Besuch von Freunden und Verwandten.
Eine Voraussetzung für den Bau von Eisenbahnen war die Industrie, die Eisen herstellte und zu Stahl verarbeitete. Diese wiederum hing ab von der Steinkohle als Heizmaterial, die ab da auch verstärkt gefördert wurde. Die Grundmaterialien für die Entwicklung von Motoren, Maschinen und Zubehör[15] waren also vorhanden. Auch gab es Universitäten, die die Studierenden mittlerweile auf eine Laufbahn als Ingenieur und die Entwicklung neuer Technologien vorbereiteten.
Der entscheidende Schritt zu einer individuellen Motorisierung geschah aber 1859 mit der Entwicklung eines Gasmotors. Den bewegte der belgische Erfinder Lenoir dann 1863 in seinem *Hippomobile*, einem ersten Kraftwagen, 9 Kilometer von Paris nach Joinville-le-Pont und zurück. Es ist das erste Fahrzeug mit interner Verbrennung. Der Impuls zur Bewegung kommt durch eine explosionsartige Verbrennung im Inneren des Motors zustande[16]. Dieses Gefährt blieb aber nur ein Versuch. Das Gewicht war zu hoch und sein Zweitaktmotor erreichte keine ausreichende Umdrehung pro Minute. So kam es nur mit einer Durchschnittsgeschwindigkeit von rund 6 km/h voran. Das kann ein gut trainierter Mensch auch zu Fuß schaffen.
Trotzdem hatte diese Maschine Potential, das der nächste Erfinder, Nicolaus August Otto, erkannte, nutzte und weiter entwickelte. 1876 hatte er den Motor im Viertakt dann so weit entwickelt und konstruiert, dass er funktionierte und er ihn patentieren lassen konnte. Dieser Motor funktionierte in vier Takten:

[14]**begeben:** fahren, gehen, bewegen
[15]**das Zubehör:** einzelne Teile, die für ein Gerät extra gebraucht werden
[16]**etwas kommt zustande:** passieren, geschehen

1. Takt: Ansaugen eines Gemisches aus Luft und Treibstoff[17]
2. Takt: Verdichten und Erwärmen dieses Gemisches
3. Takt: Arbeiten und Zünden mit Explosion
4. Takt: Ausstoßen der verbrannten Gase aus dem Zylinder.

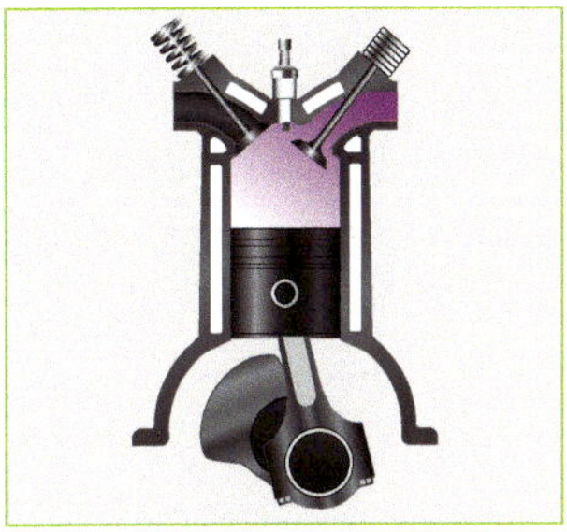

1. Takt: Ansaugen

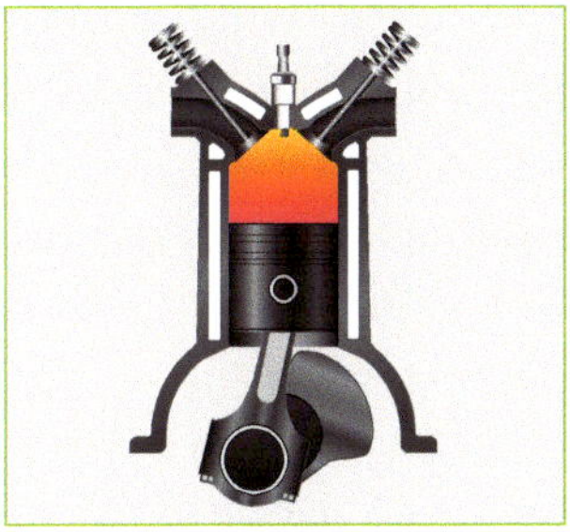

2. Takt: Verdichten

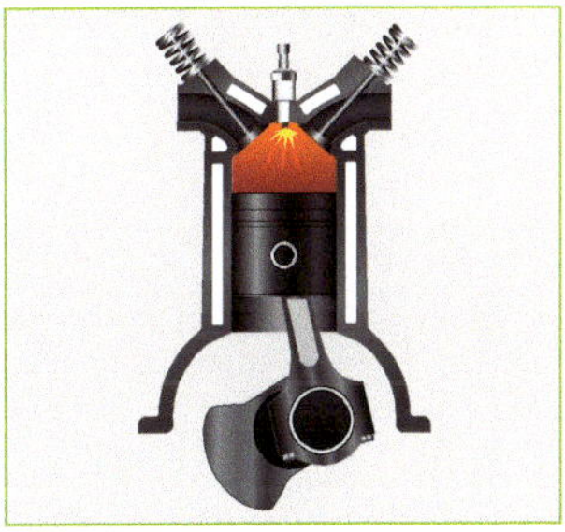

3. Takt: Arbeiten

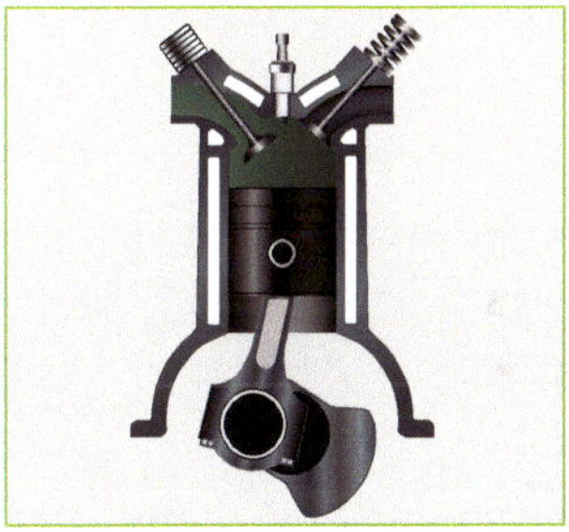

4. Takt: Ausstoßen

Nach diesem Prinzip arbeiten auch heute noch alle Verbrennungsmotoren.

Das war der Stand der technischen Entwicklung, den Carl Benz und andere Automobilpioniere vorfanden und für ihre Visionen nutzen konnten.

[17]**der Treibstoff:** hier: Benzin

Das erste Auto

Nach jahrelangen Experimenten, aber auch zahlreichen Rückschlägen[18], gelingt es Carl Benz schließlich, selbst einen leistungsfähigen Viertaktmotor auf Benzinbasis zu konstruieren. Das Otto-Patent war zuvor frei geworden, so dass er auf diesem Prinzip aufbauen und es weiterentwickeln konnte. Carl Benz baut aber nicht nur einen leistungsfähigen Motor. Er macht sich daran, ein komplettes Fahrzeug zu konstruieren, in das er seinen Viertaktmotor passend einbauen kann. Bei seinem Wagen sind Motor, Fahrgestell und Antrieb von Grund auf neu konstruiert und auf einander abgestimmt.

Dieser Wagen besitzt bereits alle notwendigen Teile, die ein Auto heutzutage auch hat: Benzinmotor, Zündung[19], Kühlung, Kraftübertragung, Räder und Bremsen. Nur für die Lenkung findet Benz hier noch keine praktikable Lösung Deshalb konstruiert er sein erstes Modell als Dreirad.

Das erste Auto

[18]**der Rückschlag:** Misserfolg
[19]**die Zündung:** Instrument zum Anlassen eines Motors

Von diesem Prototyp baut Benz in Folge drei Varianten:

Typ I: Das ist der Original Patent-Motorwagen. Er hat Stahlspeichenräder und auch andere Details seiner Konstruktion erinnern stark an den Fahrradbau der damaligen Zeit.

Typ II: Als Dreirad gebaut, lässt Carl Benz ihn dann umbauen in ein Modell mit vier Rädern. Dieser Wagen hat auch schon eine andere Lenkung. Aber Carl Benz ist mit ihm nicht zufrieden und so gibt es vermutlich nur ein Exemplar.

Typ III: Dieses Fahrzeug ist baugleich wie Typ I und Typ II, aber solider. Es hat Holzspeichenräder, die angetrieben werden. Sie haben einen Durchmesser[20] von rund 1,25 m und sind mit Stahl beschlagen. Das kleinere Vorderrad hat nur einen Durchmesser von 80 cm. Es ist mit Vollgummi belegt und lenkbar über eine Stange. Der Fahrer sitzt mittig und hoch oben auf einer Bank über dem Motor, ohne Verdeck. Das erinnert noch sehr an eine Kutsche. Der Motor ist ein Einzylinder Viertakt mit einer Leistung von 2,5 PS und verbraucht 10 Liter Benzin auf 100 km. Der Tank fasst 4,5 Liter. Das bedeutet, dass oft Benzin nachgefüllt werden muss. Die Höchstgeschwindigkeit liegt bei 16 km/h. Im Vergleich zu dem ersten mit Gasmotor getriebenen Fahrzeug ist das 10 km/h schneller! Gebremst wird mit einer Handbremse vorne und mit Holzklötzen hinten. Das ist schwierig und manchmal nervenaufreibend[21], da das Gefährt 360 kg schwer ist und bei Gefälle ordentlich in Fahrt kommt. Es gibt zwei Vorwärtsgänge, aber noch keinen Rückwärtsgang. Das bedeutet, dass für den Weg zurück gewendet und eine große Kurve gefahren werden muss. Für die Kühlung braucht der Motor Wasser. Gestartet wird das Mobil durch Drehen des Schwungrades[22] des Motors.

[20]**der Durchmesser:** mittige Linie durch einen Kreis
[21]**nervenaufreibend:** aufregend
[22]**das Schwungrad:** großes Rad zum Drehen und Anlassen des Motors

Nach vielen Testfahrten meldet Carl Benz seinen Wagen am 29. Januar 1886 als *Fahrzeug mit Gasmotorenbetrieb* beim kaiserlichen Patentamt in Berlin zum Patent an. Das Patent bekommt die Nummer DRP. Nr. 37 435. Und dieser Schritt gilt als die Geburtsstunde des ersten Automobils der Welt!
Am 3. Juli 1886 knattert[23] Carl Benz mit seinem Patent-Motorwagen um Mannheim herum. Sein Sohn Eugen rennt neben dem Wagen her, mit einer Flasche in der Hand, um Treibstoff nachzugießen. Die Leute bleiben stehen und staunen. Am nächsten Tag ist Carl Benz mit seiner Erfindung in aller Munde[24].
Carl Benz ist aber in erster Linie Ingenieur und kein Geschäftsmann. Erst nachdem seine Frau Bertha 1888 ihre legendäre Fernfahrt und so Werbung für ihren Mann gemacht hat, findet der Wagen Beachtung[25]. Ein Verkauf startet dann langsam, als der Franzose Emile Roger den Verkauf im Ausland übernimmt. Besonders in Frankreich verkauft sich das Auto, weil zu dieser Zeit die Straßen dort in deutlich besserem Zustand sind als in Deutschland.
Da das Gefährt nur drei Räder hat, ist das Fahren auf unebenen Wegen nicht immer einfach, manchmal sogar gefährlich! Nach Berthas Fahrt werden ein paar Verbesserungen an dem Patent-Motorwagen vorgenommen. So erhält er eine wirkungsvollere[26] Bremse und einen zusätzlichen[27] Gang. Diese Fahrt war gewissermaßen die erste Testfahrt der Automobilgeschichte. Und seitdem ist klar, dass Testfahrten nach einer Entwicklung gemacht werden müssen, um vor der weiteren Produktion und dem Verkauf noch notwendige Verbesserungen vorzunehmen.
Etwa zur gleichen Zeit arbeitet Gottlieb Daimler zusammen mit Wilhelm Maybach ebenfalls an der Weiterentwicklung des Otto-

[23]**knattern:** hier: fahren mit lautem Geräusch
[24]**in aller Munde sein:** Idiom: alle sprechen über dasselbe Thema, es ist allen bekannt
[25]**die Beachtung:** etwas wird bemerkt/wahrgenommen
[26]**wirkungsvoll:** besser, stärker
[27]**zusätzlich:** extra

Motors von 1876. Daimler meldet 1883 diesen verbesserten Einzylinder-Viertaktmotor zum Patent an. Er ist klein, recht leicht und wird mit Benzin betrieben. Diese Eigenschaften sind ideal für einen Einsatz in einem bestehenden Fahrzeug. 1885 bauen Daimler und Maybach mit dem sogenannten *Reitwagen* den Vorläufer des Motorrads. Und im Oktober 1886 setzen sie einen Motor in eine Kutsche ein. So entsteht ein erstes Vehikel mit vier Rädern. 1889 stellen sie mit dem 1,5 PS starken *Motor-Quadricyle*, dem *Stahlradwagen*, ihr erstes komplett eigenständiges Fahrzeug auf der Pariser Weltausstellung vor. Das ist drei Jahre später als Carl Benz seinen Patent-Motorwagen auf der Automobil-Ausstellung in München vorführte.

Die Nachfolge

Bis Anfang der 1890er-Jahre sind die Fahrzeuge von Carl Benz noch mit drei Rädern unterwegs. Aber unermüdlich arbeitet er an einer funktionstüchtigen[28] Lenkung für ein vierrädriges Fahrzeug. Dies gelingt ihm im Jahr 1893 mit der Achsschenkellenkung, für die er dann am 28. Februar das Patent DRP 73151 erhält.

1893 erscheint dann tatsächlich auch bei Benz der erste Vierradwagen, das Modell Victoria, das es später in vielen verschiedenen Ausführungen gibt. Bis 1894 entstehen insgesamt 25 Fahrzeuge dieses Typs, von Hand gefertigt, aber schon in einer systematischen, auf die Prozesse abgestimmten Produktion. Die Motorleistung wird bis 1901, dem Ende der Produktion, ständig verbessert. Die systematische Optimierung ist Teil der gesamten Entwicklung. Ergänzt wird das Produktionsprogramm im Jahre 1898 durch weitere Modelle, die mit einem neuen Motor, einem flachliegenden Zweizylinder-Boxermotor, von Carl Benz Conran-Motor genannt, ausgestattet ist. Ihre Leistung liegt zwischen 5 und 20 PS. Dieser Typ Motor findet sich noch heute in Hochleistungswagen, zum Beispiel bei Porsche!

Das nächste Modell, das Velociped erreicht dann schon eine Produktionszahl von 1200 Stück in dem Zeitraum von 1894–1901 und kann als erste Serienproduktion der Zeit angesehen werden. Dieses Fahrzeug geht im Wesentlichen in den Export.

Im Jahr 1901 entwickeln Daimler und Maybach für den österreichischen Geschäftsmann Emil Jellinek eigens[29] ein Auto. Die Karosserie[30] dieses Wagens ist neuartig und hat nichts mehr von einer Kutsche. Der Motor ist 35 PS stark und schafft eine Höchstgeschwindigkeit von fast 90 km/h. Das ist ein riesiger Sprung in die Zukunft.

[28] **funktionstüchtig:** etwas funktioniert sehr gut
[29] **eigens:** speziell, besonders für
[30] **die Karosserie:** der Rahmen/der Körper eines Wagens

Das Auto trägt den Namen der Tochter Jellineks: Mercedes. Und es kostet 150 000 Mark.

Es ist das erste moderne Auto der Welt. Aber bei seinem stolzen Preis ist es nicht verwunderlich, dass Automobile bis zur Jahrhundertwende ein teures Vergnügen der oberen Schicht bleiben. Und obwohl nicht viele Fahrzeuge über die Straßen knattern, gibt es immer öfter Unfälle oder Ärger. Es heißt: Automobile schrecken Menschen und Pferde auf, beschädigen den Boden, wirbeln zu viel Staub auf, sind überhaupt zu laut.

Aus diesem Grund veröffentlicht als erster der französische Präsident Loubet 1899 im Amtsblatt offiziell eine Art erster Straßenverkehrsordnung und eine Führerscheinpflicht[31]. Bereits 1887 hatte Carl Benz vom Großherzoglichen Badischen Bezirksamt die erste Fahrerlaubnis der Welt erhalten. Bis zu einer deutschlandweiten Führerscheinpflicht vergehen aber noch einige Jahre.

1903 gibt es in Preußen eine erste grundsätzliche Regelung, wie die Tauglichkeit von Fahrzeugen und ihrer Führer zu prüfen sind. Die Technik ist noch neu und viele Fahrer kennen sich nicht mit ihr aus. So verursachen in den Jahren 1906 und 1907 zum Beispiel 36 022 Fahrzeuge auf den Straßen in Deutschland Unfälle mit 145 Verkehrstoten. Stellt man diese Zahl in Relation zu der Zahl der Automobile, die in der Zeit unterwegs sind, so war das Risiko, ein Unfallopfer zu werden, damals 60-mal höher als im Jahr 2017! Der Staat musste also reagieren und legte dann 1909 in einer landesweiten Regelung fest, dass Kraftfahrzeuge verkehrssicher ausgerüstet sein müssen. Das bedeutet konkret, dass keine Explosions- und Feuergefahr von ihnen ausgehen darf, sie nicht durch Lärm, Rauch und Gestank Menschen und Tiere beeinträchtigen und auch sonst durch das Fahrverhalten andere Verkehrsteilnehmer gefährden dürfen.

[31] **die Führerscheinpflicht:** man muss eine Erlaubnis haben, um fahren zu dürfen

Die Regelungen werden von staatlicher Stelle überprüft, eine erste technische Überwachung[32] von Automobilen ist da.
Über diesen vielen Neuerungen darf nicht vergessen werden, dass dem Auto bis zum ersten Weltkrieg keine allgemeine Begeisterung von Seiten der Bevölkerung entgegenschlug. Klagen über den Gestank der Motoren oder den Lärm waren das Eine, Kritik an den privilegierten Fahrern das Andere. Es gab als Folge dieser empfundenen Ungerechtigkeit sogar Anschläge[33] auf Autofahrer. So versuchte sich ein Teil der Bevölkerung an dem rücksichtslosen[34] Verhalten und der Geltungssucht[35] dieser Schicht zu rächen. Ihnen ging der demonstrative Drang nach Individualität und Freiheit zu weit.
Dann setzte 1914 der erste Weltkrieg ein und gab dem Fahrzeugbau wichtige Impulse zur weiteren Entwicklung und zum Wachstum. Dies betraf aber in erster Linie den Bau von Nutzfahrzeugen, also Transportern und kriegsrelevanten Fahrzeugen.
Für den Ausbau der kleinen, privaten Automobile aber bedeutete er einen starken Einschnitt[36]. In seiner Folge verlegten besonders in den 1920er-Jahren viele Unternehmer ihre Produktion für den Export. Zahlreiche kapitalschwache Autobauer verschwanden ganz von der Bildfläche.
Andere Unternehmen, zum Beispiel BMW, das seit 1916 auch im Automobilbau tätig ist, erschufen ein vielfältigeres Sortiment im Motorrad- und Automobilangebot, um zu überleben. Die *Carl Benz & Cie.* und die *Daimler-Motoren-Gesellschaft* schlossen sich am 1. Juli 1926 zusammen und wurden zur *Daimler-Benz AG*. Die beiden großen deutschen Automobilhersteller hofften durch diese Zusammenführung von ihrem gemeinsamen technischen Wissen und ihren innovativen Produktionsprozessen den wirtschaft-

[32]**die Überwachung:** Kontrolle
[33]**der Anschlag:** Attacke
[34]**rücksichtlos:** egoistisch, ohne Rücksicht auf andere
[35]**die Geltungssucht:** Angeberei, sich vor anderen zeigen wollen
[36]**der Einschnitt:** Stopp, Änderung

lichen Erfolg zu sichern und zu steigern. Ihr Markenzeichen wurde der dreizackige Stern. Sie boten leistungsstarke Fahrzeuge für Kunden aus den oberen Zehntausend an. Ihre Produkte wurden in handwerklicher Tradition und in kleiner Stückzahl gebaut, überwiegend für das Ausland. Denn dort war die Nachfrage groß. Insgesamt scheint die damalige deutsche Herstellung von Automobilen eher im Ausland auf Interesse zu stoßen. Die Palette der deutschen Fahrzeuge hatte eine sportliche und luxuriöse Ausrichtung. Dafür waren sie bekannt und beliebt. Eine Alltagstauglichkeit und weite Verbreitung in der Bevölkerung waren aber zu der Zeit in Deutschland noch nicht gegeben.

Der Meilenstein

Ein Fließband heute in einer Automobilfabrik

So ist es auch das Ausland, in dem derweil[37] eine technische Revolution im Produktionsprozess für Automobile stattfindet. Diese Innovation verändert die Welt dann nachhaltig[38]: In den USA setzt der Automobilhersteller Henry Ford 1913 in seinem Werk in Highland Park, Michigan/USA zum ersten Mal Fließbänder[39] ein, um die Abläufe in der Fertigung zu optimieren. Das Prinzip ist einfach: Die Fertigung des Produkts wird in einzelne Schritte zerlegt, gleiche Abläufe werden mehrfach hintereinander durchgeführt, auch das endgültige[40] Zusammenbauen. So erhöht sich die Zahl der Fahrzeuge und die Kosten für die Produktion können gesenkt werden. Als Folge sind die Preise für den Verkauf niedriger als bei den handgefertigten Modellen der Konkurrenz. Was dabei herauskommt, ist Fords *Tin Lizzy* und ein Fahrzeug, das unschlagbar[41] robust und leicht zu reparieren ist - kein eigenwilliges, teures Luxusgut mehr. Bis 1927 ist dieser Wagen dann auch ein Verkaufsschlager[42] mit 15 Millionen verkauften Exemplaren.

Andere Autobauer lernen von dem neuen Ford-Prinzip und verabschieden sich ebenfalls von der handwerklich traditionellen Herstellung. So rollen seit 1919 in Paris täglich 100 Citroën Typ A vom Band und in Deutschland beginnt 1924 mit Opels Fließbandauto *Laubfrosch* aus Rüsselsheim das Zeitalter der industriellen Produktion.

[37]**derweil:** in der Zwischenzeit, inzwischen
[38]**nachhaltig:** lange, mit langer Wirkungszeit
[39]**das Fließband:** ein Band, das Produktionsteile befördert
[40]**endgültig:** so, dass es sich nicht mehr ändert, final
[41]**unschlagbar:** ohne Konkurrenz
[42]**der Verkaufsschlager:** deutsches Wort für Bestseller

Doch dieser Fortschritt in der Produktivität traf nicht auf ein entsprechend gestiegenes Wachstum im Absatz[43]. Es fehlte an Kaufkraft. Da Automobile noch als Luxusgüter angesehen wurden, erhielten sie keine steuerlichen Vergünstigungen[44].
Im Zuge der Weltwirtschaftskrise, die dann im Jahr 1929 einsetzte, schrumpften[45] Produktion, Umsatz und Arbeitsplätze in der Automobilbranche rasant weiter. In Folge fusionierten[46] eine ganze Reihe von Herstellern. Die damaligen deutschen Markenhersteller Horch, Wanderer, Audi und DKW wurden so 1932 zur *Auto-Union AG*. Auch sie wollten ihre technologischen und wirtschaftlichen Möglichkeiten gemeinsam nutzbringend[47] einsetzen.

[43]**der Absatz:** hier: Verkauf
[44]**die Vergünstigung:** Erleichterung
[45]**schrumpfen:** weniger, kleiner werden
[46]**fusionieren:** sich zusammenschließen
[47]**nutzbringend:** so, dass jmd. einen Gewinn oder Vorteil von etwas bekommt

Der Vormarsch

In Deutschland änderte sich der Blick auf das Automobil erst grundlegend mit der Machtergreifung Adolf Hitlers. Die Nationalsozialisten waren von Technik begeistert, erkannten und nutzten das Gefühl von Macht und Überlegenheit, das von ihr ausging.
Hitler erließ[48] direkt, nachdem er am 30. Januar 1933 die Regierungsgewalt erlangt hatte, eine steuerliche Förderung für die Automobilbranche. Er erhoffte sich von dieser Maßnahme auch einen Impuls für den Arbeitsmarkt, der in der Nachkriegszeit nach dem ersten Weltkrieg unter einer extrem hohen Arbeitslosigkeit litt.
Zeitgleich begann er mit dem Bau von Autobahnen und unterstützte den aufkommenden Rennsport, was ganz automatisch eine breitere Automobilität nach sich zog.
Hitler selbst präsentierte sich gern in einem Mercedes 770 und stellte Rennerfolge von Daimler und der Auto-Union als Überlegenheit[49] deutscher Technik dar. Es war seine Absicht, sich als Wegbereiter einer modernen, mobilen und der Technik gegenüber aufgeschlossenen Gesellschaft zu etablieren.
Dieser Plan verwirklichte sich. Schon 1933 nahm der Wert der Erzeugnisse gegenüber dem Vorjahr um 62 % zu, die Mitarbeiterzahlen in der Branche wuchsen um zwei Drittel und die Produktion selbst verdoppelte sich. Diese Entwicklung hielt bis 1938 an und verlangsamte sich erst mit der zunehmenden Aufrüstung für den geplanten Krieg. Die Erfolge und den spürbaren Aufschwung schrieb sich dabei die nationalsozialistische Regierung auf die Fahnen. Auch vergab sie nach der wirtschaftlichen Verlangsamung Aufträge an staatliche Unternehmen wie die Auto-Union AG, aber auch die Daimler-Benz AG sowie BMW. Dadurch band sie diese Firmen an sich.

[48] **erlassen:** auf den Weg bringen, anordnen
[49] **die Überlegenheit:** besser sein als andere

Der Bestand an Fahrzeugen war in diesen Vorkriegsjahren auf insgesamt 1,3 Millionen Automobile gewachsen, der der Motorräder sogar auf 1,7 Millionen Exemplare.

Die Idee einer automobilen Vorherrschaft nahm aber erst mit der Idee des Volkswagens Gestalt an.

Der Konstrukteur Ferdinand Porsche entwickelte ab 1934 einen *deutschen Volkswagen*, einen Wagen sprichwörtlich für das Volk. Mit nur 900 Reichsmark[50] sollte dieser Wagen für jedermann erschwinglich[51] sein. Es gab einen Sparplan, nach dem 360 000 *Volksgenossen* bis Kriegsende einen solchen Wagen bekommen sollten. Allerdings waren durch den Krieg die Rohstoffe dann so knapp, dass die Nationalsozialisten dieses Versprechen nicht mehr einhalten konnten. Letztendlich verließen nur 630 dieser Wagen die Fließbänder des Volkswagenwerkes in Wolfsburg. Dennoch geisterte[52] das von den Nationalsozialisten ausgesandte Versprechen eines Wagens für alle und einer allgemeinen Motorisierung weiter durch die Köpfe der deutschen Bevölkerung.

[50]**die Reichsmark:** das Geld von 1924 bis 1948, eine Reichsmark sind ungefähr 4,60 EUR
[51]**erschwinglich:** so billig, dass fast jeder es kaufen kann
[52]**geistern:** ziellos herumirren

Die Motorisierung

Bei Kriegsende und dem Untergang des NS-Regimes war die deutsche Automobilindustrie zerschlagen und am Ende. Doch für den Wiederaufbau von Verwaltung[53] und Versorgung[54] wurden Autos benötigt. Und so begann das Volkswagenwerk unter britischer Treuhandschaft[55] als erstes Werk schon im Dezember 1945 wieder mit dem Bau ziviler Wagen.
Es folgten Ford und Opel, die während des Krieges unter US-amerikanischer Verwaltung gestanden hatten. Etwas später begann auch Daimler-Benz wieder mit seiner Produktion. Nur die demontierte Auto-Union aus der sowjetischen Besatzungszone startete erst 1949 nach ihrem Umzug nach Ingolstadt in Bayern.
Nach der Währungsreform im Jahr 1949 geht es dann stetig bergauf mit der Verbreitung von Fahrzeugen. Das Auto wird langsam, aber sicher zum Massentransportmittel und zum Motor des Wohlstands der BRD. Es wird zum Symbol dieser Wirtschaftswunderjahre.
In diesem Zeitraum steigt der Autobestand allein in München um 20 Prozent. Es sind kleine Wagen, wie zum Beispiel der Käfer von VW und die Isetta von BMW, die den rollenden Untersatz[56] auch für Arbeiter und Angestellte möglich machen und das Wachsen der Zahl der Automobilisten befeuern[57]. Andere Hersteller von Kleinwagen verschwinden aber bereits nach kurzer Zeit wieder, ähnlich den vielen Konstrukteuren zu Beginn der Epoche der Automobilpioniere.
Neben dem VW-Käfer werden auch Mercedes und ab 1950 Sportwagen aus Stuttgart der Marke Porsche zu Leitbildern[58] des deutschen Automobilbaus.

[53]**die Verwaltung:** Organisation z.B. eines Landes
[54]**die Versorgung:** Sorgen für Essen, Trinken und ähnliche Dinge
[55]**die Treuhandschaft:** rechtlicher Status, der eine Aufsicht bedeutet
[56]**der Untersatz:** hier: Auto
[57]**befeuern:** antreiben, wachsen lassen
[58]**das Leitbild:** Idol, Ikone

Durch diese Aufstellung ist zweierlei gewährleistet[59]: Eine grundlegende Motorisierung auf breitem Niveau für eine breite Bevölkerungsschicht. Und ein Angebot im Luxus- und Sportbereich für den gehobenen Bedarf mit dem Wunsch nach einer Sonderstellung. Dieser wirtschaftliche Erfolg der Branche sichert Arbeitsplätze und Einkommen.
Die Schattenseite der zunehmenden Mobilität ist die hohe Zahl an Verkehrstoten. Als Reaktion darauf wird einerseits die technische Überwachung der Fahrzeuge flächendeckend verbessert. Und auf der anderen Seite wird das Verkehrsnetz weiter ausgebaut, mit teils verheerenden Folgen für die Städte. Das Pendeln wird zudem steuerlich begünstigt und so entsteht eine autoaffine[60] Nation, die dann auch in der Freizeit und im Urlaub nicht auf das Auto verzichten kann und will.
Bis in die 1970er-Jahre steigt die Produktion kontinuierlich auf 3,3 Millionen Fahrzeuge an und mit ihr weiter die Todeszahlen. Diese erreichen Mitte des Jahrzehnts einen traurigen Rekord von 19 000 Toten und einer halben Million Verletzten.
Einen ersten Einbruch im ungebremsten Wachstum von Image und Bau von Automobilen löst die Ölkrise 1973 aus. Der Ölpreis erhöht sich drastisch. Die Produktionszahlen sinken in Folge um ein Viertel. Und die darauffolgende zweite Krise im Jahr 1979 verursacht noch einmal einen Rückgang um ein Achtel.
Eine Reduzierung des Benzinverbrauchs zusammen mit einer verbesserten Fahrsicherheit und weiteren technischen Innovationen sollen die Automobilbranche nach diesen Einbußen[61] aus der Krise führen. Alternative Vorschläge wie ein verbessertes Schienennetz, eine Steigerung des öffentlichen Personennahverkehrs oder gar ein Tempolimit werden von Seiten der Regierung abgeschmettert[62]. Angeblich werden so Arbeitsplätze in der Autoindustrie,

[59]**gewährleisten:** etwas sichern, sicherstellen, garantieren
[60]**autoaffin:** auf das Auto ausgerichtet
[61]**die Einbuße:** Verlust
[62]**abschmettern:** hier: ablehnen

einem Hauptzweig der deutschen Industrie, gesichert. Zur Befriedung[63] aufkommender Beschwerden[64] über Abgase wird ab 1989 der lang diskutierte Katalysator bei Neuzulassungen Pflicht. Die Produktionszahlen steigen wieder an.

Der nächste Wachstumsimpuls geht von der Wiedervereinigung im Jahr 1990 aus. Die erschließt[65] der deutschen Automobilbranche zusätzlich auch den osteuropäischen Markt.

Der Jahrtausendwechsel in Deutschland ist gekennzeichnet durch immer leistungsstärkere Motoren in Autos, deren Abmessungen immer größer werden.

840 000 Beschäftigte sind im Jahr 2018 direkt in der Automobilbranche tätig. Insgesamt hängen mit dieser Branche mehr als 1,5 Millionen Arbeitsplätze zusammen.

[63]**die Befriedung:** Zufriedenstellung, Beruhigung
[64]**die Beschwerde:** Klage
[65]**erschließen:** öffnen

Nachwort

Carl Benz und andere Automobilpioniere im ausgehenden 19. und beginnenden 20. Jahrhundert hatten einen Traum: Sie wollten den Menschen eigenständig und unabhängig von Pferden und Schienen mobil machen. Sie haben ihre Visionen konsequent verfolgt, in Pläne und Patente umgesetzt, geforscht, experimentiert und gebaut. Schließlich gelang es ihnen, ihre Vision zu verwirklichen, die ersten Automobile waren funktionstüchtig. Diese haben sie und ihre Nachfahren dann immer weiter verbessert. Der Traum der Automobilpioniere wurde in den folgenden Jahrzehnten nach ihnen fast bis zum heutigen Tag der Traum von Millionen von Menschen weltweit.

Übungen nach dem Lesen

1. Zahlen und ihre Daten. Setze richtig ein.

1200 | 900 | 100 | 60 | 35

20 | 15 | 10 | 1,5

a) Der erste Patent-Motorwagen von Carl Benz verbrauchte ______ Liter Treibstoff auf 100 km.

b) In den Jahren 1894 bis 1901 wurden ______ Stück von dem Velo gebaut.

c) ______ PS hatte das erste moderne Auto der Welt namens *Mercedes*.

d) In den Jahren 1906 und 1907 war die Zahl der Unfallopfer im Verhältnis zur Anzahl der Autos auf den Straßen ______-mal so hoch wie im Jahr 2017.

e) ______ Millionen Exemplare insgesamt verkauft Ford von seiner *Tin Lizzy*.

f) Im Jahr 1919 verließen täglich ______ Citroën Typ A die Fließbänder.

g) ______ Reichsmark kostete ein Volkswagen in den 1930er Jahren.

h) Das Wachstum des Autobestands in den Wirtschaftswunderjahren war allein in München ______ % höher als in den Jahren davor.

i) ______ Millionen Beschäftigte gibt es derzeit rund um die Automobilbranche in Deutschland.

2. Was ist richtig (✓) und was ist falsch (×)? Kreuze an.

		✓	×
a)	Lenoirs Hippomobile war der Ausgangspunkt für den sofortigen Bau von Automobilen.	☐	☐
b)	Die Patentierung von Benz' Motorwagen gilt als die Geburtsstunde des Automobils.	☐	☐
c)	Der Mercedes 35 PS von Daimler fuhr bereits schneller als 100 km/h.	☐	☐
d)	Die Fließbandproduktion von Automobilen geschah zum ersten Mal bei Citroën in Frankreich.	☐	☐
e)	Der erste Weltkrieg unterbrach die Entwicklung im Automobilbau für private Kraftwagen.	☐	☐
f)	Die Nationalsozialisten hatten großen Erfolg mit dem Verkauf ihres Volkswagens.	☐	☐
g)	Nach dem zweiten Weltkrieg begann die Autoproduktion als erstes bei Daimler.	☐	☐
h)	Seit der Jahrtausendwende wird in Deutschland überwiegend der Ausbau des Schienennetzes vorangetrieben.	☐	☐

3. Was passiert in den vier Takten eines Viertaktmotors? Verbinde.

1	Takt 1	**A**	Das Gemisch wird im Zylinder erwärmt und verdichtet.
2	Takt 2	**B**	Das Gemisch wird gezündet und explodiert.
3	Takt 3	**C**	Die verbrannten Gase werden ausgestoßen.
4	Takt 4	**D**	Das Gemisch aus Luft und Treibstoff wird angesaugt.

Bringe nun die vier Takte eines Viertaktmotors in die richtige Reihenfolge.

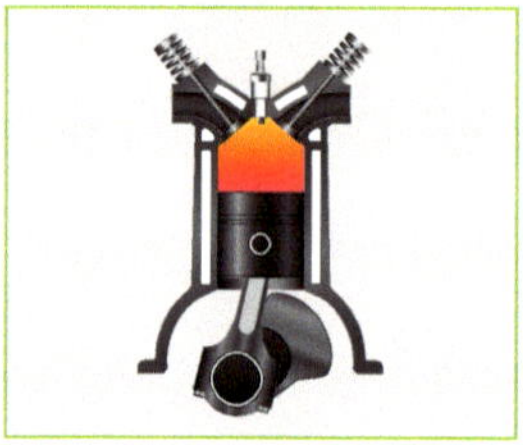

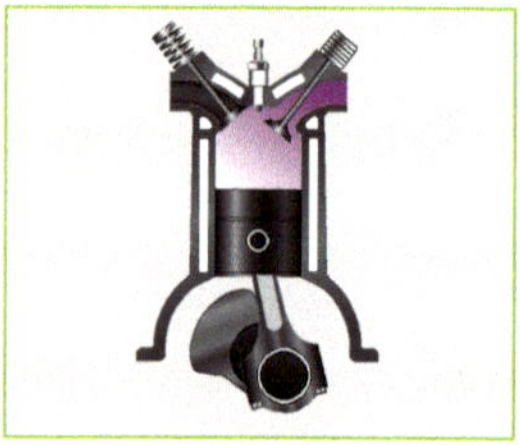

4. Welche Autohersteller sind NICHT deutsch? Streiche durch.

A Citroën
B Daimler-Benz AG
C Ford
D Opel
E Porsche
F Volkswagen

Übungen vor dem Lesen

1. Lies den kurzen Text zum *Club of Rome* und beantworte dann die Fragen.

Im Jahr 1968 organisierten der italienische Industrielle Aurelio Pecci und der schottische Wissenschaftler Alexander King in Rom eine interdisziplinäre Konferenz, die die drängenden Fragen der Zukunft der Menschen zum Thema hatte.
Nach dem Ende der Konferenz gründeten sechs ihrer Teilnehmer aus unterschiedlichen Wissenschaftsgebieten und Technik den *Club of Rome* mit dem Ziel, ihre Ideen weiter zu verfolgen. Ihnen ging und geht es um Fragen der Grenzen des Wachstums, um einen nachhaltigen Umgang mit den vorhandenen Ressourcen der Erde, um eine wirtschaftliche Zusammenarbeit, die allen Ländern zu Gute kommt. Ihre Erfahrungsberichte beinhalten Analysen der aktuellen Situation, Vorschläge und Handlungsanweisungen für Entscheidungsträger. Diese Berichte werden regelmäßig veröffentlicht.

a) Wer hat den *Club of Rome* gegründet?

____

____

b) Wer gehört zu seinen Mitgliedern?

____

____

c) Wann und wo wurde der Club gegründet?

____

d) Welche Aufgaben/Ziele hat der Club?

____

____

2. Welche Aussagen passen zu *Motorisierung*? Kreuze an.

A Parkende Fahrzeuge stehen links und rechts entlang der Straßen.

B Plätze und Straßen laden Passanten zum Sitzen und Verweilen ein.

C Es ist still und die Luft ist angenehm frisch.

D Fußgänger gehen in Gruppen spazieren und unterhalten sich angeregt.

E Es riecht unangenehm.

F Feinstaub liegt in der Luft und macht das Atmen schwer.

G Es ist laut. Teilweise ist es schwierig, sein eigenes Wort zu verstehen.

H Auf den wichtigsten Verkehrsachsen herrscht zu Spitzenzeiten Stau.

I Auto an Auto rollt durch die Stadt und über die Autobahn.

E-Mobilität

Der Ausgangspunkt

Im Stau

Die Motorisierung der Gesellschaft ist schon lange kein Ziel oder Traum mehr! Im Gegenteil, sie hat sich mittlerweile zu einem wahren Alptraum entwickelt. Über die Autobahnen und durch die Metropolen der Welt rollen Blechlawinen[1], egal ob in Südamerika, Europa oder Asien. Haupt- und auch Nebenstraßen sind gesäumt[2] von parkenden Fahrzeugen aller Art. Der öffentliche Raum ist zu einem großen Teil dem Auto reserviert. Er ist nicht mehr Treffpunkt und Ort zum Verweilen wie früher. Ein Umdenken kommt erst langsam, gefühlt viel zu langsam in Gang.

Bereits in den frühen 70er-Jahren warnte der *Club of Rome*, ein Zusammenschluss von Wissenschaftlern aus unterschiedlichen Disziplinen, vor dem Glauben an und ein Leben für ein unbegrenztes Wachstum. Sie verwiesen[3] auf die Tatsache, dass alle Ressourcen dieser Erde eine endliche Größe haben und auch nicht unbegrenzt verfügbar[4] sind. Ein Umdenken der Menschen sollte einsetzen und ein nachhaltiges Wirtschaften und einen schonenden Umgang mit Rohstoffen[5] zur Folge haben. Dieser Gedanke hatte aber noch keinen durchschlagenden[6] Erfolg. Bis auf wenige Ausnahmen und Maßnahmen blieb er eine nicht gehörte

[1]**die Blechlawine:** umgangssprachlich: Auto an Auto, kommen nicht voran, stehen, fahren nur sehr langsam
[2]**jmd./etwas säumt etwas:** hier: links und rechts stehen
[3]**auf etwas verweisen:** auf etwas hinweisen/aufmerksam machen
[4]**verfügbar:** haben/benutzen können
[5]**der Rohstoff:** in der Natur vorkommender Stoff, z. B. Holz, Kohle, Erdöl, aus dem etwas gemacht wird
[6]**durchschlagend:** erkennbar, spürbar

Warnung. Im Gegenteil: Die Industrialisierung und mit ihr die Motorisierung wuchs weltweit weiter und wächst noch heute. Fahrzeuge aller Art aber brauchen Treibstoff. Mehr als ein Drittel des Verbrauchs von Erdöl weltweit geht auf das Konto[7] des Straßenverkehrs. Nach manchen Berechnungen könnten die Vorräte bei einem Weiter-so, das heißt bei gleichen Fördermengen an den erschlossenen Orten und dem gleichen Verbrauch, noch jeweils circa 40 Jahre reichen. Ist es aber sinnvoll, einen Rohstoff, der auch für andere, lebensnotwendigere[8] Zwecke als Mobilität gebraucht wird, zum Beispiel im medizinischen Bereich, sprichwörtlich in die Luft zu schleudern?

Eine weitere, negative Auswirkung des weltweiten Autoverkehrs ist die Lärmbelästigung für die Menschen, die in der Nähe von Hauptverkehrsstraßen leben müssen. Allein der Verkehrslärm wird in Deutschland als belastender und störender empfunden als die Geräusche, die unmittelbar[9] aus den Nachbarwohnungen kommen.

Hinzu kommt eine gravierende[10] Verschmutzung der Luft, die bekanntermaßen[11] zu vielen Erkrankungen, besonders der Atemwege führt. Bei der Luftverschmutzung ist der Negativeffekt gleich zweifach vorhanden: Einmal bei der Förderung und dem Raffinieren[12] des Rohstoffs Erdöl selbst und dann bei der Verbrennung eben zum Beispiel durch den Verkehr. In Deutschland werden rund 20 % der direkten CO_2-Emissionen durch Verkehr allgemein erzeugt, circa 95 % wiederum davon durch den Straßenverkehr.

Es ist aber nicht die Gesundheit des Menschen allein, die unter der Luftverschmutzung leidet. Der Klimawandel wird ebenfalls auf die hohe Belastung der Atmosphäre mit CO_2 zurückgeführt.

[7]**auf das Konto gehen von:** hier: wird verbraucht von
[8]**lebensnotwendig:** wichtig zum Leben
[9]**unmittelbar:** direkt
[10]**gravierend:** bedeutend, stark
[11]**bekanntermaßen:** wie man weiß
[12]**das Raffinieren:** Verfahren, um Erdöl zu reinigen und zu veredeln, so dass daraus Benzin wird

Und damit leidet auch die Natur. Diese Klimaänderung hat dann ihrerseits wieder negative Auswirkungen auf die Gesundheit und das Leben der Menschen. Ein Teufelskreis.
Aufgrund der spürbar negativen Folgen dieser Emissionen für Gesundheit und Umwelt, der bemerkbar belastenden Klimaänderungen und dem hohen Rohstoffverbrauch setzt nun in den Köpfen einiger Vorreiter ein Umdenken ein. So wurde zum Beispiel in dem Bundesstaat Kalifornien/USA, bekannt als Hochburg des automobilen Verkehrs, erst kürzlich das Ende des Verbrennungsmotors bis 2035 verkündet. Das ist mehr als ein Jahrzehnt früher als das Pariser Abkommen von 2015 für die Weltgemeinschaft als Zielpunkt für das Erreichen der Klimaziele und den Ausstieg aus fossilen Energieträgern zum Klimaschutz veranschlagt[13] hat. Doch wie soll Mobilität in Zukunft aussehen?

[13]**veranschlagen:** hier: setzen, berechnen

Die Alternativen

Und was tun? Suchen und versuchen, ein paar Beispiele: Da Deutschland eine Autofahrernation ist und nicht von heute auf morgen auf einmal alle Verbrenner[14] verbannen[15] kann und will, wurde und wird zunächst erst einmal nach alternativen Kraftstoffen geforscht, die umweltfreundlicher als Benzin oder Diesel sind. Es wurde zum Beispiel untersucht, ob nachwachsende Rohstoffe wie Mais, Raps, Weizen und Palmöl als Kraftstoffe einen adäquaten Ersatz für Benzin oder Diesel darstellen könnten. Jedoch wurde hier sehr schnell klar, dass das Anpflanzen von Lebensmitteln für die Kraftstoffgewinnung nicht nur unethisch ist, sondern zum Beispiel auch durch die Rodung von Urwäldern für gigantische Monokulturen Umwelt belastende Konsequenzen hat. Ebenso wenig Erfolg versprechend waren Experimente mit Abfall[16], Reststoffverwertung[17] und Algen zur Erzeugung[18] eines Ersatzstoffes.

Experten setzen nun auf Wasserstoff als Grundstoff. Dieser Stoff hat den Vorteil, dass er in der Natur nahezu unbegrenzt vorhanden ist und klimaneutral hergestellt werden könnte. Wasserstoff kann per Elektrolyse von Wasser unter Zuhilfenahme von regenerativem Strom freigesetzt werden. Das ist dann laut Wissenschaft ein Kraftstoff auf Strombasis, sogenanntes E-Fuel oder Power-to-X. So könnte synthetischer Diesel, synthetisches Benzin oder Gas hergestellt werden. Allerdings werden für den Prozess erhebliche Mengen an Strom gebraucht, so dass ein Preis von derzeit 4,50 € pro Liter verlangt werden müsste. Zu teuer!

Eine andere Alternative ist, Fahrzeuge auf Autogas umzurüsten. Dies verringert zwar den Verbrauch und der Literpreis ist deutlich günstiger. Aber erstens lassen sich nur Ottomotoren jüngeren

[14]**der Verbrenner:** hier: Autos mit Verbrennungsmotor
[15]**verbannen:** wegschicken
[16]**der Abfall:** Müll
[17]**die Reststoffverwertung:** Recycling
[18]**die Erzeugung:** Herstellung, Produktion

Datums umrüsten und dieser Eingriff ist ebenfalls teuer. Außerdem gab es hier Skandale mit explodierten Tanks.

Solarfahrzeuge, liebevoll auch Sonnenwagen genannt, sind umweltfreundliche Fahrzeuge, die ihre Antriebsenergie direkt aus der Sonnenstrahlung beziehen[19]. Meist sind es Leichtbaumodelle, die Solarzellen auf der Oberfläche tragen und die eintreffende Sonnenenergie direkt in elektrischen Strom umwandeln. 18 Monate lang, zwischen 2007 und 2008, umrundete zum Beispiel Louis Palmer, ein Schweizer Umweltaktivist, mit seinem Solar Taxi in 50 000 km die Erde. Er hat bewiesen, dass es machbar ist, auch weite Strecken mit diesen Fahrzeugen zurückzulegen. Andere folgten. Solarautos sind sparsam und relativ schnell. Da aber nur tagsüber die Sonne scheint, muss die Energie für mögliche Nachtfahrten in einer speziellen Batterie gespeichert werden. Dies gelang bisher noch nicht in einem ausreichenden Maße. Und so befinden sich diese Fahrzeuge für einen dauerhaften und allgemeinen Gebrauch noch im Versuchsstadium.

[19]**etwas beziehen:** etwas nehmen, bekommen

Brennstoffzellenautos mit Wasserstoff gelten ebenso als eine mögliche und saubere Alternative zu Fahrzeugen mit Verbrennungsmotor. In diesen Fahrzeugen ist eine Brennstoffzelle mit Wasserstofftank eingebaut. Der Strom für den Antrieb wird während der Fahrt erzeugt. Eine kleine Batterie dient als Zwischenspeicher und gleicht Verbrauchsspitzen während des Beschleunigens aus. Auch speichert sie die Bewegungsenergie beim Bremsen. In der Brennstoffzelle wird elektrischer Strom aus Wasserstoff gewonnen. Das geschieht durch die Umkehrung[20] der Elektrolyse[21]. Wasserstoff und Luftsauerstoff reagieren zu Wasser, dabei entstehen Wärme und elektrische Energie. Letztere treibt den Elektromotor an. Lokal sind sie emissionsfrei. Aber nur, wenn der Wasserstoff aus erneuerbarer Energie kommt, sind diese Fahrzeuge wirklich eine klimafreundliche Wahl. Derzeit gibt es nur wenige und teure Modelle dieser Art. Im Vergleich zu konventionellen E-Autos steckt deren Entwicklung und Verbreitung mit momentan nur 386 fahrenden Exemplaren in Deutschland noch in den Kinderschuhen[22]. Die Technik ist leider noch nicht so ausgereift. Die Lagerung des Wasserstoffs im Tank für einen längeren Zeitraum bereitet Probleme. Und so ist auch die Versorgung mit Wasserstofftankstellen begrenzt. Im Grunde aber sind auch Wasserstoffautos Elektroautos.

[20]**die Umkehrung:** in die entgegen gesetzte Reihenfolge bringen
[21]**die Elektrolyse:** Zerlegung von Wasserstoff und Sauerstoff durch elektrischen Strom
[22]**noch in den Kinderschuhen stecken:** sich noch in den Anfängen befinden

Die Anfänge

Elektromobilität bewegt die Menschen seit Jahrzehnten und ist älter als gedacht! Schon vor 2006, als Tesla der Welt sein erstes E-Modell vorstellte, gab es Elektroautos. Der französische Physiker M. Gustave Trouvé präsentierte auf der Internationalen Elektrizitätsausstellung in Paris 1881 ein bis zu 12 km/h schnelles Dreirad. Es war das erste Fahrzeug mit einem Elektromotor und einer wieder aufladbaren Batterie. Es ist sozusagen der Prototyp moderner Elektroautos. Und die Entwicklung ging rasant weiter. 1888 baute der deutsche Andreas Flocken einen Elektrowagen mit vier Rädern. 1900 stellte Ferdinand Porsche bei der Weltausstellung in Paris das Lohner-Porsche-Elektromobil vor. Es hatte zwei 2,5 PS starke Elektromotoren an Bord[23]. Diese trieben über die Radnaben[24] die Vorderräder an. Noch im selben Jahr vollzog Porsche den nächsten bedeutenden Entwicklungsschritt und verband die elektrischen Radnabenmotoren mit einem Verbrennungsmotor. Es entstand ein sogenannter Mixte-Wagen, das erste Hybridfahrzeug der Welt. Hier erzeugte der Daimler Verbrennungsmotor in Verbindung mit einem Generator Strom, der über Batterien die Elektromotoren versorgte.

Der Straßenverkehr im ersten Jahrzehnt des 20. Jahrhunderts war weit mehr von Elektroautos und Dampfmaschinen bestimmt als von Autos mit Verbrennungsmotor. Denn diese Fahrzeuge mussten zu der Zeit noch mit schweren Kurbeln oder Schwungrädern in Gang gesetzt und durch Schalten bedient werden. Dies änderte sich, als 1911 ein elektrischer Anlasser entwickelt worden war, mit dem das Auto leicht und ohne Probleme gestartet werden konnte. Als Folge dieser Erfindung verschwand das Elektroauto nach und nach. Denn es war in den Anschaffungskosten teurer und es hatte schwere, Platz raubende Batterien an Bord. Hinzu kam – und das

[23]**etwas an Bord haben:** Idiom: auf/in einem Fahrzeug
[24]**die Radnabe:** rundes Bauteil am Rad, das sich um eine Achse dreht

war entscheidend – eine geringere Reichweite. Gleichzeitig war Erdöl in ausreichendem Maße vorhanden und dadurch günstig. Eine gut platzierte Werbung, die die lauten Fahrzeuge mit Verbrennungsmotor mit Stärke und Macht in Beziehung setzte, tat ein Übriges.[25] Der Verbrenner war auf dem Vormarsch. Elektroautos retteten sich zwar bis in die Moderne, bedienten fortan aber nur noch Nischenmärkte[26], wie zum Beispiel in den fünfziger Jahren in Berlin. Hier wurden elektrogetriebene Fahrzeuge zum Entleeren von Briefkästen eingesetzt, im London der Siebziger zur Lieferung von Milch und in den USA wurden und werden die Golfspieler in sogenannten Elektrokarts auf den Golfplätzen von Loch zu Loch gefahren.

Es gab weitere Versuche, Elektrofahrzeuge zu bauen und auch einzusetzen. In Deutschland präsentierte BMW 1972 passend zum Beginn der Olympischen Spiele in München einen Stromer[27]. Dieses Fahrzeug begleitete den Marathonlauf. Es fuhr zwischen 30 und 60 km/h und hatte eine maximale Reichweite von 100 km. Es blieb ein Prototyp und wurde nicht weiter entwickelt. Auch General Motors trat Mitte bis Ende der neunziger Jahre mit der Entwicklung ihres Vehicle 1 in den Elektromobilmarkt ein. Aber es wurden nur etwa 1000 Fahrzeuge produziert und ausgewählten Kunden zur Verfügung gestellt. Sie blieben im Besitz von General Motors. Als es keine Ersatzteile mehr gab, wurden sämtliche Wagen verschrottet[28]. Das war keine Erfolgsstory!

Auch der Golf Citystromer, 1992 bis 1996 von VW gebaut, schrieb keine Erfolgsgeschichte. Er wurde nur in einer kleinen Serie produziert und ausschließlich in der Flotte von Energieversorgern eingesetzt. Die Nachfrage blieb gering und so verschwand auch dieser Typ dann wieder ganz vom Markt.

[25]**etwas tut ein Übriges:** etwas zu einer Sache dazu tun
[26]**der Nischenmarkt:** kleiner, nicht bedeutender Marktanteil
[27]**der Stromer:** anderes Wort für Elektrofahrzeug
[28]**verschrotten:** aussortieren und wegwerfen

Aber trotzdem investierten auch andere Autohersteller weltweit, wie zum Beispiel Toyota und Peugeot/Citroën, in Elektroautos und versuchten, sie in größeren Stückzahlen auf den Markt zu bringen. Der erste größere Entwicklungsschritt in diese Richtung war dann erst 2006 der Tesla Roadster. Dieser Sportwagen wurde ab 2008 verkauft und war das erste Elektromobil, das auch für Autobahnen tauglich war und über längere Entfernungen fahren konnte. Er hatte eine Reichweite von rund 350 km und eine Höchstgeschwindigkeit von circa 200 km/h. Das war bahnbrechend und richtungweisend zugleich. Die großen Hersteller stellten nun neue Pläne und Modelle für Elektroautos in Aussicht[29].

2009 erschien der Mitsubishi i-MiEV auf dem Markt. Er gilt als erstes Großserienprodukt im Bereich der individuellen Elektromobilität. 2010 folgte der Nissan Leaf. Es war bis 2016 das Elektroauto, das weltweit am meisten verkauft wurde. Ein Rekord!

Ab 2030, so kann angenommen werden, wird sich der Markt wohl wieder umkehren und das Elektroauto wird seinerseits den Verbrenner ablösen. Denn am 23. September 2016 fasste der Bundesrat in Deutschland parteiübergreifend[30] den Beschluss, dass ab dem Jahr 2030 keine Verbrenner mehr zugelassen werden sollen. Auch die Europäische Union ist dazu angehalten, spätestens ab 2030 in Europa nur noch emissionsfreie Fahrzeuge zuzulassen. Das Hauptziel des Pariser Klimavertrags, bis zum Jahr 2050 unseren Planeten CO_2-neutral zu machen, ist anders nicht umsetzbar, so der Gedanke dahinter. Die Geschichte der Elektromobilität entwickelt sich demzufolge rasant weiter.

[29] **in Aussicht stellen:** ankündigen, versprechen
[30] **parteiübergreifend:** alle Parteien sind sich einig

Die Pros

Das Herz, der wesentliche Teil des Elektrofahrzeugs, ist natürlich der Motor, wie beim Verbrenner auch. In diesem Fall wird er aber mit Strom angetrieben, der in einem Akku gespeichert ist. Der Elektromotor wandelt diese elektrische Energie in mechanische Energie um, indem er Magnetfelder erzeugt. Das Auto wird dann durch die sich anziehenden und abstoßenden Kräfte in Bewegung gesetzt. Die elementaren Teile im E-Auto sind eine Hoch- und eine Niedervoltbatterie, der Elektromotor, eine Leistungselektronik sowie der Ladeanschluss. Der notwendige Strom wird in der Hochvoltbatterie gespeichert. Diese Hochvoltbatterie ist vergleichbar mit dem Tank eines Verbrenners. Dort ist Energie in Form von Strom gespeichert. Der Akku muss regelmäßig aufgeladen werden, denn seine Kapazität bestimmt die Reichweite des Fahrzeugs. Dieses Element ist dementsprechend auch das teuerste Bauteil des E-Autos. Zurzeit werden vorwiegend Lithium-Ionen Akkus verwendet. Sie sind langlebig, laden schnell und können mehr Strom speichern als andere Batterien. Je leistungsstärker die Batterie, desto teurer ist dann allerdings auch das Auto.
Durch diese Konstruktion besitzt ein Elektroauto eine ganze Reihe von Vorteilen gegenüber den herkömmlichen Verbrennern. So sind sie im lokalen Betrieb klimafreundlich, da ein Elektromotor beim Fahren kein CO_2 ausstößt. Dies ist besonders in den Großstädten wichtig, um dort die Luft frei von Feinstaub und Kohlenstoffdioxid zu halten. Auf diese Weise besteht überhaupt erst eine Chance, Luftreinhaltegrenzen in Zukunft einhalten zu können.
Auch ist der Elektromotor wirtschaftlicher im Gebrauch, da das Aufladen der Batterie lediglich Strom benötigt, der im Vergleich zu Benzin oder Diesel günstig ist. Naturgemäß braucht der Elektromotor keinen Ölwechsel wie überhaupt die Kosten für die

Wartungsarbeiten[31] für zum Beispiel Getriebe, Kupplung, Lichtmaschine des Verbrenners beim Elektroauto schlicht entfallen. Diese geringeren Kosten betreffen ebenso den Verschleiß[32] des Elektromotors, der deutlich geringer ist als der eines herkömmlichen Verbrennungsmotors.

Ein weiteres Argument für das Elektroauto ist das innovative, geschmeidige Fahren ohne aufheulenden Motor und Krach aus dem Auspuffrohr. Das Fahren gleicht bei diesem Fahrzeug mehr einem relativ lautlosen Dahingleiten, zudem gepaart mit einer beachtlichen Beschleunigung. Diese kann es tatsächlich mit der der Verbrenner aufnehmen[33]: Sogenannte Mittelklasse-Stromer hängen hier sogar Sportwagen herkömmlicher Bauart locker ab.

Zusammenfassend lässt sich sagen, dass sowohl die Umweltbilanz als auch der Fahrspaß beim Elektroauto höher und die Unterhaltskosten niedriger sind als beim Verbrenner. Hinzu kommt, dass die E-Mobilität vom Staat unterstützt wird.

Ein Elektroauto an der Ladestation

[31] **die Wartungsarbeit:** Arbeiten an Maschinen, um diese in Gang zu halten
[32] **der Verschleiß:** Verbrauch durch häufiges Benutzen
[33] **es mit etwas/jmd. aufnehmen:** hier: gleich stark sein im Vergleich

Diese Unterstützung von Seiten des Staates geschieht in Form von Prämien und einmaligen Zuschlägen bei der Anschaffung[34] eines Elektroautos sowie in enormen Steuererleichterungen, die zum Teil bis zehn Jahre nach Erwerb eines solchen Fahrzeugs greifen. Ähnliches gilt für Hybridautos. Das sind Autos, die beide Antriebe haben, also sowohl den Verbrennungsmotor als auch den Elektromotor. Hierbei dient ersterer meist für die Langstrecke und zweiterer zum Beispiel für den Stadtbetrieb, die Kurzstrecke oder auch zur Überbrückung.
Wie sehen nun aber die Akzeptanz in der Bevölkerung und der Verkauf von E-Autos aus?
Geordnet nach Antriebsart zeigt eine Statistik vom Kraftfahrt-Bundesamt aktuelle Pkw-Zulassungszahlen im Jahresvergleich 2019 zu 2020. Hier ist erkennbar, dass die alternativen Antriebsarten, im Wesentlichen vornehmlich[35] E-Autos, einen beachtlichen Anstieg erfahren haben. Es wurden 2020 21188 Elektroautos zugelassen, was einem Plus von 260,3% im Vergleich zum Vorjahr entspricht. Dies macht einen Anteil von 8% an den gesamten Neuzulassungen von 265227 Fahrzeugen aus. Mit 54036 Neuzulassungen waren allerdings die Hybride, die ein Plus von 185,2% im Vergleich zum Vorjahresmonat erreichten und damit 20,45% der Neuzulassungen verzeichnen, noch beliebter. Das Fazit: Jede dritte Neuzulassung war ein E-Auto! Es scheint also bergauf zu gehen mit der Annahme und Verbreitung von Elektroautos.

[34] **die Anschaffung:** Kauf
[35] **vornehmlich:** besonders

Die Contras

Den unbestrittenen[36] Vorteilen, die ein E-Auto hat, stehen derzeit aber noch eine ganze Reihe zum Teil schwerwiegender[37] Nachteile gegenüber.
Da sind zum einen die hohen Anschaffungskosten[38]: Wer heute einen Stromer kauft, muss zum Teil tiefer in seine Tasche greifen[39]. Denn die Elektroautos sind im Vergleich zu den gängigen[40] Verbrennern trotz aller Fördergelder teurer.
Es gibt zwar schon ab rund 20 000 Euro Varianten zu kaufen, wie zum Beispiel den Citroën C-Zero. Doch im Schnitt sind es rund 10 000 Euro, die der Kunde mehr bezahlen muss, um die E- statt der Verbrenner-Variante zu bekommen. Und hier gilt: Je effizienter[41] die Batterie und damit länger die Reichweite, desto höher ist in der Regel dann auch der Kaufpreis.
Zum anderen ist da immer noch die geringere Reichweite eines E-Autos gegenüber seinem Konkurrenten, dem Verbrenner. Bei kleineren Modellen muss derzeit nach circa 150 Kilometern nachgeladen werden, größere Modelle stoßen meist nach etwa 200 bis 300 Kilometern an ihre Grenzen. Außerdem, so haben Untersuchungen ergeben, hat die Temperatur einen entscheidenden Einfluss auf die Kilometerleistung eines E-Fahrzeugs. Die Leistung kann so zum Beispiel im Winter um bis zu 30 % von der normalen abweichen. So erscheint vielen Menschen aktuell ein Hybrid-Auto noch sinnvoller. Denn das Zusammenspiel aus Verbrennungs- und Elektromotor kann die Fahrt sinnvoll aufteilen. Zum Beispiel fährt der Nutzer kurze Strecken emissionsfrei mit dem Elektromotor und für weitere Fahrten übernimmt dann der Verbrenner die Regie[42].

[36]**unbestritten:** ganz klar, darüber braucht man nicht zu diskutieren/streiten
[37]**schwerwiegend:** massiv
[38]**die Anschaffungskosten:** Kaufpreis
[39]**tiefer in die Tasche greifen müssen:** Idiom: viel Geld bezahlen müssen
[40]**gängig:** üblich, normal
[41]**effizient:** leistungsstark, langlebig
[42]**die Regie übernehmen:** Führung übernehmen, verantwortlich sein

Die Infrastruktur der Ladestationen stellt im Vergleich zur Verteilung normaler Tankstellen ebenfalls einen wesentlichen Nachteil dar, besonders im Zusammenhang mit den geringeren Reichweiten der E-Autos. Das Netz an Ladestationen ist einfach noch nicht dicht genug ausgebaut. Diese Situation verschärft sich zudem im ländlichen Raum, wo die Verteilung an Stationen noch weitmaschiger[43] ist.

Selbst wenn der Fahrer nicht stundenlang an der eigenen Steckdose hängen mag und auf eine Ladestation ausweicht, dauert es rund eine halbe Stunde, bis das Fahrzeug wieder fahrbereit ist. Im Vergleich zum herkömmlichen Tanken ist das viel Zeit und zum Teil auch noch abhängig von der Tankkarte eines bestimmten Energieversorgers. Denn ein einheitliches System verschiedener Anbieter befindet sich derzeit noch im Aufbau. Ebenso ist die Preisgestaltung noch undurchsichtig. Die Preise sind nicht wie bei herkömmlichen Tanksäulen angeschlagen. Und Sie können zudem an ein und derselben Säule variieren.

E-Mobile stoßen zwar beim Fahren keine Abgase aus und verbrauchen auch kein Benzin oder Diesel. Aber leider ist damit doch nicht alles im grünen[44] Bereich. Denn diese Autos schicken eben nur dort kein CO_2 in die Luft, wo sie unterwegs sind. Allerdings gehören zur Ökobilanz eines Autos mehrere Komponenten. Und da kommen die umweltbelastenden Verfahren bei der Herstellung der Akkus von E-Autos und die Erzeugung des dafür notwendigen Stroms ins Spiel. Der Strom in Deutschland wird zum Teil noch aus stark emittierender Kohlekraft gewonnen. Erst mit einer Stromerzeugung aus regenerativen Quellen, wie Sonne, Wind, Wasser würde sich da eine positive Ökobilanz ergeben. Oder anders, nach einer Studie des Allgemeinen Deutschen Automobil Clubs (kurz: ADAC), in Zahlen ausgedrückt, kann ein Elektroauto derzeit seinen

[43]**weitmaschig:** wenig dicht verteilt
[44]**grün:** hier: umweltfreundlich

günstigen Nutzen gegenüber Benzin und Diesel erst nach längerer Nutzung in die Waagschale werfen. Bei einem Benziner ist das nach ca. 127 500 km oder 8,5 Betriebsjahren, bei einem Diesel nach ca. 219 000 km oder 14,6 Betriebsjahren der Fall. Diese Tatsache liegt in dem vergleichsweise großen CO_2-Gepäck[45] begründet, den das E-Auto bereits bei seiner Inbetriebnahme[46] mitbringt. Das bedeutet, dass allein für den Bau eines Elektroautos deutlich mehr Kohlenstoffdioxid verbraucht wird als für einen normalen Verbrenner. Hinzu kommt die Frage, ob bei einer höheren Dichte an E-Autos die bestehenden Netze den Bedarf decken könnten und nicht zusammenbrechen würden, besonders, da der Bedarf je nach Fahrverhalten stark schwankt, zum Beispiel in Ferienzeiten.

Eine weitere Frage betrifft die Lebensdauer der Akkus. Oder anders gefragt: Wie oft lassen sich diese ohne Leistungsverlust wieder aufladen?! Erfahrungen haben bisher gezeigt, dass die Kapazität nach etwa 1500 Ladungen rapide[47] nachlässt[48]. Jeder elektrochemische Energiespeicher verschleißt mit der Zeit und der Häufigkeit der Nutzung. Hier gibt es derzeit nach Langzeittests eine Nenngröße[49] von 8 Jahren bei einer Leistung von im Schnitt 100 000 km. Ein möglicher Batteriedefekt stellt heutzutage Reparaturwerkstätten ebenfalls noch vor Probleme ebenso die Entsorgung der Alt-Akkus.

Und dann wäre da noch die Problematik der Vorkommen von Lithium, Kobalt, Nickel, Grafit und Platin für den Bau von Akkus und die Frage, wie lange sie den Bedarf decken. Zudem ist die Förderung dieser Rohstoffe gepaart mit einer Reihe von Umwelt- und Sozialproblemen: Zum einen ist für den Abbau ein oft hoher Energiebedarf notwendig, zum anderen gibt es die eventuelle

[45]**das CO_2-Gepäck:** hier: Verbrauch, Altlasten
[46]**die Inbetriebnahme:** Beginn der Nutzung
[47]**rapide:** sehr schnell
[48]**nachlassen:** weniger werden
[49]**die Nenngröße:** eine Zahl, die in einem Zusammenhang genannt werden kann

Verunreinigung der Umwelt durch saure Grubenwässer, Konflikte um Wasservorkommen und zum Schluss nicht vertretbare[50] Arbeitsbedingungen in den Minen. Genannt werden sollte in diesem Zusammenhang die Kinderarbeit bei der Kobaltförderung im Kongo.

[50]**vertretbar:** hier: akzeptabel

Der Ausblick

Vor diesem Hintergrund ist es nachvollziehbar[51], dass viele Autofahrer diese neue Technik zunächst kritisch betrachtet haben und zum Teil noch immer vorsichtig sind in ihrer Entscheidung für ein Elektroauto. Sie fragen sich zudem, ob die neue Elektromobilität die gleiche Zuverlässigkeit und Bequemlichkeit bieten kann, wie sie sie über die Jahre von ihren konventionell angetriebenen Fahrzeugen gewohnt sind.

Aber wie die Verkaufsstatistik weiter oben bereits andeutet, ist eine Trendwende in Sicht. Immer mehr Elektroautos, die auf dem Markt erscheinen, haben mittlerweile reale Reichweiten von 300 bis 400 Kilometern und Schnellladeleistungen von bis zu 150 kW und verkürzen damit ihren Abstand zu den Verbrennern. Gleichzeitig wächst das Schnellladenetz weiter, und so können auch längere Strecken immer besser mit Elektroautos zurückgelegt werden.

Die Regierung fördert die E-Mobilität außerdem gezielt. Dieses Vorgehen hängt mit den immer dramatischeren Klimaänderungen und den zunehmenden Demonstrationen für einen umfassenden Klimaschutz zusammen. Denn eine politische Reaktion scheint nun endlich und dringend geboten[52].

So wurden in den letzten Jahren hohe Beträge an Fördergeldern in den Aufbau der Ladeinfrastruktur, besonders auch in die Schnellladeinfrastruktur investiert. Inzwischen ist ein Ladenetz in Stadt und Land soweit ausgebaut. Dieses müsste aber mit der wachsenden Anzahl an Elektrofahrzeugen schrittweise vergrößert werden, damit keine Lieferengpässe[53] entstehen.

Das gleiche gilt auch für den Strommarkt in Deutschland, der selbst für eine Zunahme von bis 10 Millionen Elektrofahrzeugen genug Elektrizität liefern könnte. Allerdings bedeutet der für 2022

[51] **nachvollziehbar:** verständlich
[52] **geboten:** notwendig
[53] **der Lieferengpass:** Situation, wenn ein Material oder Ding nicht in ausreichendem Maß geliefert werden kann

geplante Ausstieg aus der Atomenergie und 2038 der aus der Kohlegewinnung die Wende hin zu regenerativ erzeugtem Strom, aber auch eine Herausforderung. Denn diese ökologische Energie steht immer nur dann zur Verfügung, wenn die Natur eben liefert.

Neben der Produktion des grünen Stroms ist somit der Ausgleich zwischen Zeiten einer Spitzennachfrage und Zeiten einer geringen Nachfrage wichtig. Bisher war die Menge erzeugten Stroms ausgerichtet auf eine vorherseh- und planbare Aussage zum Verbrauch. Da die Nachfrage durch die Elektromobilität aber stark schwanken wird, wird es neben dem Ausbau an Wind- und Photovoltaikanlagen zusätzlich Speicherlösungen geben müssen, damit der Strom dann geliefert werden kann, wenn er gebraucht wird.

Damit es nicht zu Netzüberlastungen kommt, wurde auch eine Meldepflicht für private Ladestationen zu Hause eingeführt. Die Netzbetreiber können so die Hauptnutzungszeiten erkennen und das Netz stärken oder Ladevorgänge insgesamt auf die weniger ausgelasteten Nachtstunden verteilen.

Auch dem Problem mit Defekten der Antriebsbatterie wird begegnet. So garantieren die meisten Hersteller bei Problemen einzelne Zellmodule austauschen zu können, so dass nicht die gesamte, teure Batterie ersetzt werden müsste. Dies ist ein wichtiger und wegweisender Schritt, da in naher Zukunft zunehmend mehr Fahrzeuge in Betrieb ihre Garantie auf die Batterie verlieren. Da braucht es Lösungen für eine praktikable und dem Wert des Fahrzeugs entsprechende Reparatur für die Kunden, die keine Mietbatterie haben.

Bleibt noch die Schwierigkeit, alte, ausgediente Akkus umweltgerecht zu entsorgen oder wiederzuverwerten. Denn sie sind durch ihre Inhaltsstoffe Sondermüll. Sie müssen – so will es das Gesetz in Deutschland - daher vom Hersteller bzw. Verkäufer zurückgenommen und entsorgt werden. Eine Wiederverwertung der Lithium-Ionen-Antriebsbatterien in den Elektrofahrzeugen ist technisch dabei bereits heute möglich und Verfahren dafür verfügbar. Durch Recycling kann ein Großteil der Materialien wie Kobalt, Nickel und Kupfer zurückgewonnen werden. Auch die Rückgewinnung von Lithium ist möglich. Aber da die Rohstoffpreise noch sehr günstig sind, ist dieses aufwendige Verfahren noch nicht wirtschaftlich. Außerdem können die Antriebsbatterien, die für die Elektrofahrzeuge nicht mehr leistungsstark genug sind, noch viele Jahre als stationäre Stromspeicher eingesetzt werden.

Es ist also erkennbar, dass an vielen Nachteilen der Elektromobilität sowohl von Seiten der Entwickler als auch von Seiten des Staates gearbeitet wird. Denn die Zukunft der Mobilität steht erst einmal im Zeichen des Stroms.

Übungen nach dem Lesen

1. Richtig (✓) oder falsch (×)? Kreuze an.

		✓	×
a)	Bei der Suche nach alternativen Kraftstoffen stellte sich heraus, dass Mais, Raps, Weizen und Palmöl ein guter Ersatz sind.	☐	☐
b)	Solarfahrzeuge sind leichte und auch schnelle Fahrzeuge, die die Sonneneinstrahlung direkt umwandeln und zum Fahren nutzen können.	☐	☐
c)	Brennstoffzellenautos sind eine schnelle und auch sichere Alternative zum Auto mit Verbrennungsmotor.	☐	☐
d)	Elektromobilität ist neu. Es gibt sie erst seit 2006, als der Tesla auf den Markt kam.	☐	☐
e)	Die Pariser Klimakonferenz sieht für 2050 den endgültigen Ausstieg aus CO_2 emittierender Verbrennung vor.	☐	☐
f)	Der Akku eines Elektroautos entspricht dem Tank eines Verbrenners. Seine Leistung bestimmt die Reichweite.	☐	☐
g)	Für das Elektroauto werden nur Stoffe und auch Energie eingesetzt, die es zu 100 % ökologisch machen.	☐	☐

2. a) Welche fünf chemischen Materialien werden für den Bau von Akkus benötigt? TIPP: Lies noch einmal ab S.71 unten.

1 ____

2 ____

3 ____

4 ____

5 ____

b) Welches dieser Elemente ist auf der Welt für eine Produktion von Akkus noch in ausreichendem Maße vorhanden und wird vorerst nicht wiederverwertet?

____

Bildquellenverzeichnis

6.1 123RF.com (deklofenak), Nidderau; **6.2** 123RF.com (burdyak), Nidderau; **6.3** Shutterstock (Altrendo Images), New York; **6.4** Shutterstock (Chaosamran_Studio), New York; **6.5** Shutterstock (Drazen Zigic), New York; **9, 27** Mercedes-Benz Classic; **10** Mercedes-Benz Classic; **17** Mercedes-Benz Classic; **19** Mercedes-Benz Classic; **20** Mercedes-Benz Classic; **21** Mercedes-Benz Classic; **26, 31.1** Mercedes-Benz Classic; **28** Mercedes-Benz Classic; **31.2** Mercedes-Benz Classic; **35.1, 54.4** Shutterstock (Yugu Design), New York; **35.2, 54.3** Shutterstock (Yugu Design), New York; **35.3, 54.2** Shutterstock (Yugu Design), New York; **35.4, 54.1** Shutterstock (Yugu Design), New York; **36** Mercedes-Benz Classic; **44** Shutterstock (Phonlamai Photo), New York; **57** Shutterstock (magicbeam), New York; **67** Shutterstock (Matej Kastelic), New York